高管股权激励对公司成长性的影响机理研究

李敏娜 著

黑龍江大學出版社
HEILONGJIANG UNIVERSITY PRESS

图书在版编目（CIP）数据

高管股权激励对公司成长性的影响机理研究 / 李敏娜著. -- 哈尔滨 : 黑龙江大学出版社, 2018.3
ISBN 978-7-5686-0211-2

Ⅰ. ①高… Ⅱ. ①李… Ⅲ. ①股权激励－影响－公司－企业发展－研究 Ⅳ. ①F272.923

中国版本图书馆 CIP 数据核字（2018）第 060868 号

高管股权激励对公司成长性的影响机理研究
GAOGUAN GUQUAN JILI DUI GONGSI CHENGZHANGXING DE YINGXIANG JILI YANJIU
李敏娜 著

责任编辑 刘 岩
出版发行 黑龙江大学出版社
地 址 哈尔滨市南岗区学府三道街 36 号
印 刷 哈尔滨市石桥印务有限公司
开 本 720 毫米 ×1000 毫米 1/16
印 张 11.75
字 数 168 千
版 次 2018 年 3 月第 1 版
印 次 2018 年 3 月第 1 次印刷
书 号 ISBN 978-7-5686-0211-2
定 价 35.00 元

前　言

股权激励已经成为捆绑高管人员和公司股东利益，以此来激励高管人员采取自律行为，并求得公司的长远发展的有效手段之一。契约理论完整地揭示了股权激励措施产生的原因和在企业经营中发挥的作用，它由产权理论、代理理论和最优契约理论构成。产权理论揭示了公司必须由所有权和管理权相分离的机构构成，由此形成了委托代理关系中的委托人和代理人。代理理论认为，委托人和代理人之间由于目标函数的差异导致行为目标的不一致，会产生作为委托人的股东的利益得不到作为代理人的管理层的满足的委托代理问题，为解决二者之间的这种矛盾冲突，需要采取有效的措施以激励二者追求的目标保持一致。最优契约理论就是探讨通过薪酬手段将委托人和代理人利益建立一致关系的问题，股权激励方式便是最主要的方式之一。代理理论还揭示了股权激励这种长期激励方式有助于激励高管的风险行为以提高公司的绩效成长。代理理论将股权激励和公司的成长性联系在一起，但是代理理论的这一论断并没有完全获得实证的支持。股权激励对高管风险行为的影响取决于高管对持有股权的价值的判断，当高管人员害怕损失股权的价值的时候，其风险行为就会收敛，而当高管人员认为只有通过冒风险才能获得收益水平的提升时，就会产生风险行为，于是对公司绩效成长的影响作用将会不同。因此需要深入分析高管对其持有股权的价值判断原理，进而分析其对公司成长性的影响。

笔者聚焦高管股权激励水平和方式对公司成长性的影响，并探索高管股权激励对公司成长性的内在影响机理。笔者分别从决定高管股权激励对公司成长性影响的内外部因素中揭示其内在机理，建立本书的结构模型，并在此指导下进行深入的分析。首先,笔者认为高管对股权激励水平的不同价值判断会影响其持有的风险态度,进而影响公司的成长性。于是,在提出反映高管股权激励水平价值的三个构念(当前价值、预期价值和总价值)和反映公司成长性的四个构念(生产效率增长、雇员规模增长、销售收入增长和利润水平增长)的基础上,笔者分别分析了高管股权激励水平的当前价值、预期价值和总价值对高管风险态度的不同影响,构建了对反映公司成长性的生产效率增长、雇员规模增长、销售收入增长和利润水平增长四个侧面的整体影响模型,并通过实证分析进行检验。研究结果表明,高管在综合衡量持股的当期价值和预期价值之后,对公司成长性的销售收入增长和利润水平增长具有正向显著的影响,这再次支持了代理理论。其次,技术创新投入作为企业高管的重要风险投资行为,根据高管股权激励对高管风险行为的不同的影响,构建了技术创新投入这种风险行为在高管股权激励影响公司成长性模型中的中介作用模型。笔者分别对高管股权激励不同价值对其风险行为进而对技术创新投入的不同影响进行了理论分析,提出了相关的研究假设并对其进行检验。最后,在中介效应模型的基础上,笔者提出了终极控制人和董事网络两个边界因素,提出相关的假设并进行了实证研究。上述研究,为契约理论提供了新的实证结果。

笔者提出了高管股权激励的不同价值水平对公司成长性具有不同影响的新观点,并提出了体现高管股权激励水平价值的三个构念。实证分析表明,高管股权激励的总价值影响了公司的成长性。当高管股权激励的总价值较高时,公司的销售收入水平和利润水平均会增长。研究结果阐释了影响公司成长性的准确原因。在就高管股权激励水平对公司成长性影响的整体分析基础上,笔者发现了技术创新投入作为高管股权激励影响公司成长性的中介因素的事实,结果显示高管股权激励的总价值通过技术创新投入路径影响公司的成长性。也就是说,技术创新投入水平较高的企业,高管股权激励的总价值越高,公司销售收入水平和利润水平均较高。此外,反映终极控制人性质的产权性质、政府背景和金字塔层级指标对技术创新投入路径下的高管股权激励水平影响公司成长性的作用分别发挥了正向、负向和正向调节作用。董事网络对技术创新投入路径下的高管股权激励方式和方式的转变影响公司成长性的作用分别发挥了正向调节作用。

本书的研究结果表明我国上市公司高管股权激励的水平对公司成长性具有正向影响,这支持了代理理论。笔者认为高管股权激励的预期价值和总价值有利于提高高管的风险态度,进而激发其进行技术创新投入的动机,从而提高公司的销售收入水平和利润水平,揭示了高管股权激励影响公司成长性的过程和机理,丰富了契约理论。本书关于终极控制人、董事网络等变量影响技术创新投入路径下的公司高管股权激励影响公司成长性的结论进一步完善了契约理论。本书的成果可以指导公司采取适当的股权激励方式和水平,以确保公司的成长性。

目 录

第 1 章 基本概述 …… 1

1.1 课题背景及研究的目的和意义 …… 1

1.2 国内外研究现状及评述 …… 5

1.3 研究内容与结构安排 …… 14

1.4 研究方法与技术路线 …… 17

第 2 章 高管股权激励影响公司成长性的理论分析 …… 21

2.1 高管股权激励与公司成长性的内涵 …… 21

2.2 高管股权激励影响公司成长性的理论依据 …… 25

2.3 高管股权激励影响公司成长性的内在机理 …… 32

2.4 本书的概念模型 …… 38

2.5 本章小结 …… 39

第 3 章　高管股权激励对公司成长性的直接影响 …… 40
3.1　高管股权激励的构成 …… 40
3.2　公司成长性的构成 …… 46
3.3　高管股权激励对公司成长性直接影响的理论分析 …… 49
3.4　高管股权激励对公司成长性直接影响的实证分析 …… 53
3.5　结果讨论 …… 62
3.6　本章小结 …… 64

第 4 章　技术创新投入在高管股权激励对公司成长性影响中的中介作用 …… 65
4.1　技术创新与技术创新投入的定义 …… 65
4.2　技术创新投入中介作用的理论分析 …… 67
4.3　技术创新投入中介作用的实证分析 …… 78
4.4　结果讨论 …… 91
4.5　本章小结 …… 93

第 5 章　终极控制人在高管股权激励对公司成长性影响中的调节作用 …… 95
5.1　终极控制人的界定 …… 96
5.2　终极控制人的调节机理 …… 97
5.3　终极控制人的调节作用的实证检验 …… 105
5.4　结果讨论 …… 124
5.5　本章小结 …… 125

第6章　董事网络在高管股权激励对公司成长性影响中的调节作用 …… 127
6.1　董事网络的界定及测量 …… 127
6.2　董事网络的调节作用的理论分析 …… 133
6.3　董事网络的调节作用的实证检验 …… 139
6.4　结果讨论 …… 151
6.5　本章小结 …… 154
结　　语 …… 155
参考文献 …… 158
后　　记 …… 178

第 1 章　基本概述

1.1　课题背景及研究的目的和意义

1.1.1　课题背景

股权激励是通过股票期权等与股票授予和红利获得有关的薪酬回报方式，赋予员工获得薪酬收入的权利，以此来鼓励员工为获得更高的收入而做出相应的努力。股权激励在我国逐渐开展起来。20 世纪 90 年代，深圳万科集团最早实施股票期权制度。20 世纪 90 年代末，四通利方公司从美国引进了股票期权制度。随后各地政府部门进行了推广和试点工作，于是出现了北京模式、上海模式和武汉模式。但由于当时《中华人民共和国公司法》和《中华人民共和国证券法》的相关规定不允许公司回购股票，以及股票在内部人之间转让，因此，股票期权缺乏合理的来源和上市流通环境，仅以“虚拟”形式存在。

2005 年，我国修订了《中华人民共和国公司法》，修订后的《中华人民共和国公司法》在回购公司股票和高级管理人员任职期内转让股票等方面有些变化：规定将股份奖励给本公司职工时可以回购公司股票，公司董事、监事、高级管理人员在任职期间每年转让的股份不得超过其所持有本公司股份总数的 25%，从而从法律上解决了股票的合法来源以及在市场上流通的问题。修订后的《中华人民共和国公司法》促成了 2006 年 1 月 1 日正式实施的《上市公司股权激励管理办法（试行）》。2006 年 9 月 30 日，国家又下发了《国有控股上市公司(境内)实施股权激励试行办法》。至此,上市公司股权激励制度经历了一段探索期后,在广大上市公司中开始全面推开。[1]从2006年至今,上市公司实施股权激励制度已有10多年时间,实施效果如何以及出现了哪些有中国特色的内容是值得关注的。

股权激励方式的激励对象一般包括高级管理人员、技术人员、核心人员。而目前在我国,股权激励的对象以高级管理人员(以下简称为高管)为主,极少部分公司对中级管理人员和技术人员也采取了股权激励方式。鉴于高管在公司经营中掌握着绝对的决策权,对公司的发展具有至关重要的作用,因此,研究上市公司对高管实施股权激励制度从而对高管决策行为产生影响,进而对公司绩效、公司成长等经济结果产生影响是极其关键的。

1.1.2 问题的提出

高管股权激励是企业薪酬战略的一种,也是企业整体战略的一种。它不仅是提高高管薪酬水平的手段之一,也是将高管的利益与公司股东的利益进行捆绑,解决二者之间的委托代理矛盾的主要方式之一。[2]从2006年到2012年末,实施高管股权激励制度的上市公司有407家,高管平均薪酬提高了342%。

高管股权激励不仅是公司整体战略的一种,也是实现公司成长的重要原因之一。[3]现有的关于高管股权激励对公司成长性影响的研究主要体现在两个方面:第一是研究决定高管股权激励的影响因素,包括个人层面、组织层面和环境层面的因素;第二是高管股权激励对公司成长性的影响。而对于高管股权激励如何影响公司成长性,即高管股权激励影响公司成长性的内在机理的探究较少。笔者试图揭示高管股权激励对公司成长性的内在影响机理。

1.1.3 研究的目的与意义

1.1.3.1 研究目的

本书的主要研究目的在于揭示高管股权激励对公司成长性的影响及影

响机理，具体包括以下几点：

（1）通过构建上市公司高管股权激励影响公司成长性的理论分析框架，刻画高管股权激励影响公司成长性的机理。分析和总结国内外研究成果，综合运用契约理论、人力资本理论、管理层寻租理论、高管风险偏好理论和社会网络理论等理论基础，将上市公司高管股权激励水平的当前价值、预期价值和总价值与表示公司成长性的四个方面（生产效率、雇员规模、销售收入和利润的增长）联系起来，构建上市公司高管股权激励影响公司成长性的理论分析框架，从理论上揭示高管股权激励对公司成长性的影响机理。

（2）通过对高管股权激励影响公司成长性的关键路径进行理论和实证分析，揭示高管股权激励影响公司成长性的路径。在高管股权激励影响公司成长性的理论分析框架的基础上，以高管进行技术创新投入的动机为切入点，分析高管股权激励影响公司成长性的技术创新路径，并运用实证分析法分别进行检验，从而深入和拓展高管股权激励对公司成长性影响的理论认识。

（3）从公司治理结构理论和社会网络分析理论出发，分别探索终极控制人性质和董事网络位置对高管股权激励与公司成长性整体模型的调节作用。首先，根据公司治理理论、资源基础理论，构建了终极控制人性质对中介模型以及总体模型的影响机理，并运用实证分析进行检验。其次，根据社会网络分析理论、资源依赖理论和镶嵌理论，构建了董事网络对整体模型的两阶段调节作用机理，并通过实证分析进行检验。最后，揭示高管股权激励对公司成长性影响的一般规律。

1.1.3.2 研究意义

本书将高管股权激励对公司成长性的影响机理作为科学研究问题，从高管股权激励出发，系统地研究了高管股权激励的水平和方式对公司成长性的影响机理，探索了技术创新投入在高管股权激励和公司成长性之间的中介作用，并在此基础上，验证终极控制人、董事网络的调节作用，具有明确而重要的理论和实践意义。

1. 理论意义

有助于丰富和完善高管股权激励理论的内涵。本书从高管风险偏好理论出发,论证了高管股权激励的当前价值、预期价值以及总价值对公司成长性的不同的影响,同时明确了公司成长性的内涵和维度,即从生产效率、雇员规模、销售收入和利润四个方面的增长衡量公司成长性,并分别探索了高管股权激励的不同价值水平对公司成长性四个方面的影响,构造了更加完整的高管股权激励影响公司成长性的理论内容。

有助于拓展和深化高管股权激励影响公司成长性的内在机理。本书不仅探索性地提出了高管股权激励的不同价值对公司成长性四个层面的影响,同时探索了技术创新投入路径下的高管股权激励对公司成长性的影响机理,即突破了以往只从单一要素研究对公司成长性的影响机理的局限,开创性地探索了高管股权激励与技术创新投入对公司成长性的混合作用机制,拓展和丰富了公司成长性作用机理的研究层次,深化了公司成长性理论的研究。

有助于增强高管股权激励对公司成长性影响研究的理论适用性。本书不仅探索了技术创新投入路径下的高管股权激励对公司成长性的影响机理,同时深入探索了此影响机理的理论边界条件,即终极控制人和董事网络对高管股权激励从而对公司成长性的调节作用,使得高管股权激励理论发展更加深入和实用。

2. 实践意义

有助于上市公司采取有效的管理手段,促进公司成长。本书探索了公司成长性的高管股权激励因素,同时探索了技术创新投入与高管股权激励的协同作用对公司成长性的影响,为上市公司的管理者通过高管股权激励与技术创新投入手段提升公司的成长性提供了理论依据,使其在公司内外部众多因素中,发现能够促进公司成长的一条有效途径。

有助于上市公司采取合理的高管股权激励方式,以确保公司的成长。通过探索高管股权激励的不同价值以及高管股权激励不同方式对公司成长性的不同侧面的影响,较准确地揭示了公司应该如何对高管人员制定和选择有效的高管股权激励方式及水平，才能提高公司的成长性，同时，通过探索高管股权激励措施对技术创新投入的影响，有效地揭示了高管股权激励对公司技术创新投入的作用原理，以便于公司规划合理的高管股权激励水平和方式，促进技术创新活动和公司成长性。

笔者是在2006年我国进行股权分置改革以后，实施股票期权制度的基本条件具备之后，分析上市公司实施高管股权激励对公司成长性的影响机理，构建二者的关系模型的。笔者从我国上市公司实施股权激励的现实问题出发，找出了制约我国高管股权激励影响公司成长性的主要中间变量——技术创新投入，揭示了二者之间的最关键路径，使得经营者和管理者清楚制约公司成长的主要因素及其作用路径；笔者在深入考虑了公司在董事网络中的位置后，探索高管股权激励对公司成长性的不同的影响作用。同时，笔者揭示了技术创新投入作为影响高管股权激励与公司成长性关系的长期中间路径，使得企业管理者从战略高度重视技术创新投入的重要作用，同时更加准确地了解不同终极控制人性质的公司的高管股权激励对技术创新投入水平的影响程度不同，使企业充分认识到考虑终极控制人性质特点对了解高管股权激励与公司技术创新投入水平之间作用关系的作用。

1.2 国内外研究现状及评述

1.2.1 高管股权激励水平与方式的相关研究

1.2.1.1 高管股权激励的概念

根据2006年1月1日实施的《上市公司股权激励管理办法(试行)》，股权薪酬是指上市公司以本公司股票对董事会成员、监事会成员以及企业内部的高管人员和核心员工进行的长期性激励。股权激励制度规定，持有者可以在一定的时间内以一定的价格购买公司的股票，从而持有股票者享有分享企业利润的权利。

股权薪酬激励是指由委托人与代理人之间行动目标不一致而造成的代理矛盾，让代理人持有一定的公司股票可以缓解这种矛盾[4]，减少代理成本。

美国证券交易委员会认为股权薪酬是上市公司向公司内部员工、董事会成员以及其他的服务提供者支付的股本。一般而言，针对所有股东支付的股权计划以及直接支付股票价款或者从员工薪酬中扣掉股票价款形式，不算股权薪酬。

Core 和 Larcker(2002)认为股权激励是管理者由于持有公司的股票而发生个人财富的变化，并将股权激励看作“权益激励”，即可能是促使管理者提高公司股票价格的权益证券所发挥的激励作用。[5]

1.2.1.2　高管股权激励的水平

高管股权激励水平是指由高管人员持有公司股票或股权而带来的“权益收益”的水平，它包括红利收益、行权后的价差收益和被授予股票后的决策权收益等。Tzioumis(2008)认为公司高管人员由于持有公司股权而成为公司的股东，从而拥有的决策权、参与权会成为激发高管人员责任心的最重要因素，它会降低高管人员制定自利性薪酬制度的概率。[6] Singh 和Davidson(2003)的研究也表明，在美国上市公司中，管理者由持股所获得的权力性收益可以将高管人员与股东的利益进行捆绑，从而导致管理者的代理成本下降。[7] Mehran(1995)认为相对于传统的现金薪酬，股权薪酬带来个人未来收益提高的可能性会激励高管去努力创造公司价值。在实际研究中，一般用高管持股数或者高管持股在公司总股份中的比例或者高管持股收益在高管薪酬中所占的比例等指标表示高管股权激励的水平。[3] 谢德仁和陈运森(2010)在研究限制性股票期权对公司股东财富影响时，提出股权激励强度(即股权激励方案中授予期权占公司总股份的比例)的概念，并发现公司原来的高管人员的报酬业绩敏感度越低，投资者的市场反应越强烈，也就是高管股权激励强度对公司市场价值呈负向影响。[8]

Martin、Gomez-Mejia 与 Wiseman(2013)提出高管股权激励水平包括高

管持股所获得的短期的和长期的各种形式的经济性收益,包括行权时持有公司股票所获得的收益和行权后公司股票未来上涨可能获得的收益,即股权的当前价值和预期价值收益。高管股权的预期价值表示公司股票价格上涨给高管带来的现金收益,当前价值代表当高管放弃未来预期价值的追求时获得的股权的当下的现金价值。一般以股权激励计划宣布的当年末的股票的市场价格作为基数,计算高管持有的股权的价值。预期价值是高管持股未来(一般是5年)可能上涨的价值。Martin、Gomez-Mejia与Wiseman(2013)认为公司高管持股的当前价值和预期价值会对公司高管的风险态度产生不同的影响。[9]

1.2.1.3 高管股权激励的方式

高管股权激励是通过授予公司高管公司股票或者股权等方式,使其成为公司的股东或者享有股东的利润分红的权利,从而来激励公司高管的责任心,调动其工作的积极性的薪酬方式。一般地,高管股权激励方式有两种,即股票激励和股票期权。从实施上来看,对于上市公司而言,国内外经常出现的股权激励的形式有以下几种:股票期权、股票期股、限制性股票、股票增值权。

目前关于高管股权激励方式的研究通常从以下三个方面展开:

1. 企业使用的股权激励方式有哪些,这些激励方式的不同之处在哪里

Hall和Murphy(2003)研究发现,限制性股票期权对高管的激励作用更加明显,而且其持有风险更小,更有利于激励高管人员增强风险意识。[10] Rapp等人(2009)认为不同的股权激励方案会导致不同的实施效果,公司只有设计合理的股权激励方案才能提高公司的绩效水平,不合理的股权激励方案会导致更坏的业绩结果。[11] Kuang和Qin(2009)对英国1999—2004年的经理人的限制性股票期权研究发现,限制性股票期权能够使管理层和股东的利益关系更加紧密,限制性股票期权提供的激励作用强于普通的股票期权计划,但行权目标的难度与管理层努力程度呈负相关关系,也就是说,行权目标水平是决定高管层受激励程度的先决条件。[12]

2. 企业在什么样的条件下适合采取股权激励方式

Bryan(2000)认为公司的成长性会影响公司股权激励方式的选择,成长性较高的公司会因为股票期权方式能够更好地激励原本厌恶风险的高管投资于风险较高的项目而选择股票期权激励方式,限制性股票期权的激励作用不明显。[13] Core 和 Guay(1999)认为财务报告成本也会影响股权激励方式的选择,对于业绩水平较低的公司而言,由于其美化财务报告的成本比较高,因此会倾向于选择成本较低的激励方式,即股票期权方式。[14] Core 和 Guay(2001)认为行业特征也会影响企业对股权激励方式的选择,高科技行业实施股票期权往往会带来更好的效果。[15] Bettis 等人(2007)以美国 1995—2001 年 475 家公司为样本,发现公司将限制性股票期权作为吸引和筛选高管的一种机制。[16] 比如:当公司的绩效水平差或者公司聘任新的高管时会采取限制性股票期权;在独立董事比例比较大、控股股东持股比例较大的时候,公司会倾向于采取限制性股票期权计划;对于之前绩效水平较差的企业而言,限制性股票期权所带来的绩效水平提升的幅度较大。Bettis 等人(2010)研究发现,与没有实施限制性股票期权的公司相比,实施限制性股票期权的公司的绩效水平明显提升,而且不存在会计操纵行为。[17] Cadman和 Carter(2014)认为成长性较高的公司倾向于设置较长的激励期限,以此来应对管理层的短期化投资行为,而高管权力较大且治理水平较低的公司,激励期限一般较短。[18]

3. 不同的股权激励方式对企业经营绩效的影响

Gompers 和 Lerner(1996)在股权投资者对企业高管激励的研究中,发现股权投资者可以通过运用可转换优先股和股票期权等合同设计方式对被投资的企业高管实施有效的激励,使得管理层与投资者之间的冲突最小化。[19] 李维安、苏启林(2013)在研究私募股权投资者改善企业高管激励时,发现相对于股权激励方式,国内的投资机构更加倾向于使用提高现金激励水平和拉大高管与普通员工之间的薪酬差距的方式激励高管以提高公司的绩效,而不是股权激励方式,因为投资者不愿意出让其手中的股权以激励高管人员提高公司的绩效。[20] 李维安、张国萍(2005)在研究公司经理层治理水平对公司治理绩效的影响时，首先发现我国上市公司经理层的年薪水平较低，薪酬结构较单一，股权激励约束作用较弱，经理层的持股比例和长期激励所占比重均较小，其次发现上市公司经理层的薪酬水平与其生产率水平成反比，薪酬结构的合理程度与公司的成长性成正比。[21]

1.2.2 公司成长性的相关研究

1.2.2.1 公司成长性的界定

成长是生物学的概念，即指生物体由小到大、由低级到高级的演化过程。关于公司成长概念的界定，不同学者从不同角度出发，做出许多不同的论断，但由于对于公司成长的实质和表象的认识存在很大差距，因此，对于公司成长的内涵，学术界并没有得出一致的结论。

1. 国外相关研究

公司成长一直是经济学研究的重要问题之一，学者们对于公司成长的研究开展得比较早。早在亚当·斯密的古典经济学理论时代，他们认为公司成长就是指公司规模的扩大。到了新古典经济学时代，他们认为公司成长是公司对生产规模的要求以及调整的过程。彭罗斯等新制度经济学者们认为，公司成长不仅包括规模的扩大，也包括公司功能的拓展。他们认为公司的成长既包括公司数量的增长，也包括公司质量的提高。McKelvie 和 Wiklund(2010)提出公司成长应该包括两个方面，即数量的增长和质量的提高。他们分别研究了公司的创新对其生产效率的提高、销售收入和雇员规模的增长的影响，结果发现创新会通过新产品的开发和新市场的开发带来公司生产效率的提高和销售收入的增长，同时会通过提高生产效率带来设备利用效率的提升和劳动力成本的降低。[22] Audretsch 等人(2014)认为关于公司成长存在四个方面的解释[23]：第一，创新对公司成长不同侧面因素的影响均不是中立的，即存在正向或者负向的影响；第二，公司成长的影响因素不仅包括公司地理位置选择、所在行业、公司规模、公司年龄或资本水平等传统因素，还应该包括一些非直接观察可得的因素，比如经理人资本、经理人技能等因素；第三，对于处在不同时间背景和空间背景下的公司，创新对公司成长会产生不同的影响；第四，具有不同的地理位置、政府资源和市场地位的公司，创新对其成长会产生不同的影响。

2. 国内相关研究

国内的学者们对于公司成长的研究也存在很多差异。吴清津、陈涛(2000)认为公司成长过程是“质”与“量”结合的过程。“量”是指公司生产数量的增长、经营规模的扩大和经营绩效的提高，“质”是公司在内部组织、管理水平、技术水平等方面的不断进步与创新，它是公司综合发展能力的体现。[24]

朱和平、王韬(2003)[25]认为公司成长是指公司由小变大、由弱变强的发展过程和态势，它是公司不断利用内外部资源逐步扩张的过程。公司的成长具有发展性、持续性和结构变革三个特点。即在相对较长的时间内(一般至少是三年)，内部的组织、技术水平等方面获得发展和壮大。

1.2.2.2 公司成长性的维度

以马歇尔和凯恩斯为代表的新古典经济学的观点认为，公司成长就是公司利润的增长。他们认为公司是以获得利润的增长作为目标函数的，利润最大化是所有公司追求的最终目标。吉尔伯特认为公司的成长表现为公司规模的随机成长过程，公司的成长速度就是在不考虑公司的利润水平、市场地位等因素条件下，由现有的公司规模和公司的成长历史决定的，公司的成长是符合正态分布的。

Lang 等人(1996)在研究财务杠杆作用对公司未来成长的影响时，将公司的资本支出超过固有资产折旧的部分，以及资本支出增长的比例和雇员人数增长的比例(选择该指标的原因是，公司负债增加会引起可控资金减少，公司就会相应减少流动资本投入，人工成本是重要的流动资本之一，于是就会减少人员的雇用数量)看作公司成长的表现，而且分别衡量了公司的短期成长(三个指标每年的增长)情况和长期成长(三个指标三年的平均增长)情况，根据这些表现发现公司的财务杠杆变动是由负债引起的，公司负债会带来公司可控资金的减少，从而使得公司会选择成本更高的外部筹资渠道进行筹资，高额的外部资本成本会导致公司成长水平的降低。但当公司找到了很好的投资机会并且具有足够的能力识别这些投资机会时，会促进公司的成长。[26]

Clarysse 等人(2011)研究了技术在将要拆分的公司或者研究机构之间进行共享是否有利于公司的成长，他们将收入水平和雇员人数的增长看作公司成长的表现。研究发现，当拆分后的公司只是在技术专利应用的很窄的范围内开展技术的应用时，拆分的母子公司之间的技术共享并不会带动公司的收入水平和雇员人数的增长；而在研究机构中，也是只有当拆分的子机构能够在更广的范围内应用共享的技术时，才能显现出对其机构的成长的促进作用。同时发现，公司自身的创新能力并没有在技术共享与公司成长中发挥作用；而在研究机构中，当机构中拥有专门的有着丰富的技术转换经验的部门时，其自身的创新能力会在技术共享与公司成长中发挥积极的作用。[27]

不同的理论从不同角度对公司成长的含义以及决定因素进行了定义和分析。根据这些研究，我们发现公司成长可由多种不同的变量衡量，适用于多个不同的理论[27]，由此构成了公司成长的多维度属性，但也有的学者认为应该利用某个理论发展而来的某一个指标对公司成长进行衡量。[28]应该利用单一指标还是多维度指标对公司成长进行衡量应取决于研究的目的和具体研究问题的特征，当我们选择不同的行业或者不同类型的公司进行研究时，往往要选择多维度对公司进行衡量，比如我们选择初创期的企业和世界 500 强的企业进行对比研究，或者我们选择制造业企业与服务业企业进行对比研究或者私营企业与国有企业进行对照研究，我们选择的反映企业成长的指标就应有所不同。还有些研究即使研究样本具有相同的性质和特征，也应该选择不同的指标反映企业的成长性。比如：Eisenhardt 和 Schoonhoven(1990)在研究公司成长性结果与高管团队规模之间的关系时使用了混合公司样本，得出了公司成长性积极影响高管团队规模的结论[29]；然而 Hamilton 和 Shergill(1992)也使用同样性质的样本研究公司成长与相关多元化的关系时，却得出了相反的结论。[30]

Ardishvili 等人（1998）通过深入分析公司成长的文献，提出衡量公司成长的基本要素为：生产效率的增长、雇员规模的增长、市场销售收入的增长和利润的增长。它们分别代表企业价值链上直接参与价值创造的两个最关键环节的成长情况——生产水平的增长和销售水平的增长，还包括企业成长的两个表象特征，即规模的扩大和利润的增长。从企业发展的过程来看，生产效率的增长和雇员规模的增长代表企业发展过程的成长，而销售收入和利润的增长代表企业成长的结果。企业的成长性决定企业未来能否获得持续性的良好的成长态势，因此，企业成长性要包括企业内在成长的过程因素，以及通过过程因素而获得良好的成果的因素。[31]

1.2.3 高管股权激励对公司成长性的影响研究

由于高管股权激励水平和方式以及公司成长性包含很多不同的层面，因此，高管股权激励的水平和方式对公司成长性的影响研究结果也体现出一定的复杂性。第一，关于高管股权激励的水平和方式对公司生产效率和雇员规模增长性的影响的研究结果基本能够达成一致结论，即高管持股水平对公司生产效率和雇员规模的提升具有显著的正向影响。Heskett 等人（2003）认为高管股权激励会促使高管人员充分考虑企业的长远发展，比如会通过改善企业对员工的服务质量来提高员工的满意度，因此会带来员工生产效率的提升。[32] Brown 等人（2002）和 Homburg 等人（2011）研究发现高管股权薪酬会促进高管增加企业内部的人力资本储备，以提高员工的工作满意度，进而提升公司的绩效。[33-34] 第二，关于公司高管股权激励方式的研究，仅停留在股票期权、限制性股票期权等高管股权激励方式如何影响公司的绩效和公司价值上，并没有深入探讨股权激励方式如何影响公司的生产效率、雇员规模、利润水平等的成长性。第三，关于高管股权激励水平对公司的销售收入和利润水平的增长的影响存在不一致的结论。有的学者认为高管股权激励对公司销售收入和利润水平的增长是呈正向影响的，有的认为高管股权激励对公司销售收入和利润水平的增长是呈负向影响的，还有的认为高管股权激励对公司销售收入和利润水平的增长是呈非线性影响的。Murphy(1999)对1992—1996年S&P500(标准普尔500)中公司研究发现,经理人持股数量增加会促进绩效水平的上升。[35]但Himmelberg、Hubbard和Palia(1999)的研究表明高管人员持股对公司绩效并没有显著的影响。[36]Guidry等人(1999)认为对公司高管人员实施股权激励会促使接近届满的高管人员减少工作投入,从而使公司短期业绩下滑。[37]也有些学者认为,高管股权激励对公司业绩增长的影响并非线性的。Morck、Shleifer和Vishny(1988)认为高管股权激励对高管人员产生相反的两种影响:一种是由管理人员持股而导致其通过各种有效手段来提高公司市场价值;另一种是当管理人员持股数达到一定水平后,公司的市场价值会随之下降。这两种作用的同时存在,使得高管持股对公司的增长产生了非单一的线性关系。[38]他们认为公司的绩效与管理者持股呈现倒U形非线性关系,持股比例最优值在0—50%。

1.2.4 研究现状评述

综合以上相关研究发现,国内外关于高管股权激励对公司成长性的研究存在一定的局限性:

(1)现有的关于高管股权激励和公司成长性的研究中,缺乏对高管股权激励方式和水平以及公司成长性的完整模型的研究,由于以往的研究对公司成长性的内涵认知大多数只强调生产、雇员、销售等某个单一的侧面,因此大多数研究只关注高管股权激励水平或者方式某一方面对公司成长性某一方面的影响。本书试图揭示高管股权激励对公司成长性的整体影响。

(2)现有的高管股权激励水平和方式对公司成长性的研究结果并不一致,尤其高管股权激励对公司销售收入增长和利润增长的影响有正有负,还有非线性的结果。已有的研究对此现象并没有给出很好的解释。高管股权激励水平会随着公司股票价格的变化而发生变化,不确定的高管股权激励水平会导致公司成长性的不同变化,基于此,本书有必要揭示高管股权激励水平的不同变化对公司成长性的不同影响。

(3)现有的研究大多数是针对高管股权激励对公司成长性直接影响的研究,缺乏影响机理的研究,即更多关注高管股权激励对公司成长的经济结果的研究,而对高管股权激励影响公司成长性的路径的研究不多。现有的研究回答了高管股权激励对公司成长性是否有影响,却无法回答高管股权激励为何影响公司的成长性,即高管股权激励影响公司成长性的中间路径和内在机理是什么。因此,深入研究高管股权激励对公司成长性的影响路径和机理是什么,有一定的必要性。

(4)现有研究大多数考察终极控制人作为重要的公司治理因素对高管股权激励或者技术创新的影响,但很少将终极控制人看作高管股权激励对技术创新影响的调节作用因素,或者很少将终极控制人看作高管股权激励对公司成长性的调节作用因素,因此,有必要将终极控制人看作高管股权激励与公司成长性主效应模型以及技术创新作为高管股权激励与公司成长性中介模型的影响因素。

(5)现有研究大多数考察董事会人数、外部董事比例等董事会特征对高管股权激励以及公司成长性的研究,但很少有对董事在企业网络中所处的位置因素——董事网络,作为影响高管股权激励以及技术创新的因素,在高管股权激励对公司成长性整体模型中的调节作用的研究。因此,有必要结合董事网络不同位置因素,研究其拥有的资源对高管股权激励以及公司成长性的影响,有效地补充高管股权激励以及公司成长性理论的内容。

1.3 研究内容与结构安排

1.3.1 研究内容

1. 高管股权激励对公司成长性的影响

对高管股权激励和公司成长性的内涵进行分析与界定,并分析高管股权激励的形式、公司成长性的衡量指标,在此基础上探索不同的高管股权激励的水平和形式对公司成长性的不同方面的影响。

2. 高管股权激励对公司成长性的影响机理分析

在高管股权激励对公司成长性的主效应模型基础上，探索技术创新在二者中的中介作用，并利用实证方法进行检验，揭示高管股权激励对公司成长性的内在影响机理。

3. 技术创新投入路径下高管股权激励对公司成长性的调节作用模型

为技术创新路径下高管股权激励对公司成长性的影响找寻边界条件，探索终极控制人和董事网络在高管股权激励对公司成长性关系探索中的边界效应，更加准确地揭示二者之间的作用关系和作用机理。

1.3.2 结构安排

本书的结构安排如下。

1. 基本概述

本部分主要介绍课题背景、研究的目的和意义，结合国内外研究现状进行综述，提出本书欲解决的问题，确定本书的研究内容、结构安排、研究方法和技术路线。

2. 高管股权激励影响公司成长性的理论分析

本书采用文献研究和规范分析方法，对所涉及的理论和相关概念进行界定，将高管股权激励与公司成长性联系起来，构建高管股权激励对公司成长性的理论分析框架，从理论上揭示高管股权激励对公司成长性的影响机理。

3. 高管股权激励对公司成长性的直接影响

结合风险偏好理论和委托代理理论，提出高管股权激励水平的不同价值衡量构念，并提出公司成长性的生产、人员、销售和利润增长四方面构念，根据这些子构念探索高管股权激励对公司成长性的影响。

4. 技术创新投入在高管股权激励对公司成长性影响中的中介作用

鉴于高管股权激励的不同价值对技术创新投入的影响作用，构建技术创新中间路径下的高管股权激励对公司成长性的影响模型，并运用实证方法进行检验。

5. 终极控制人在高管股权激励对公司成长性影响中的调节作用

探索终极控制人性质对高管股权激励与公司成长性关系模型中的调节作用，构建单纯的调节模型和被调节的中介模型，分别检验终极控制人的调节作用。

6. 董事网络在高管股权激励对公司成长性影响中的调节作用

探索董事网络对高管股权激励与公司成长性关系模型中的调节作用，构建两阶段的调节作用模型，并利用实证的方法进行了检验。

本书的逻辑结构见图 1－1。

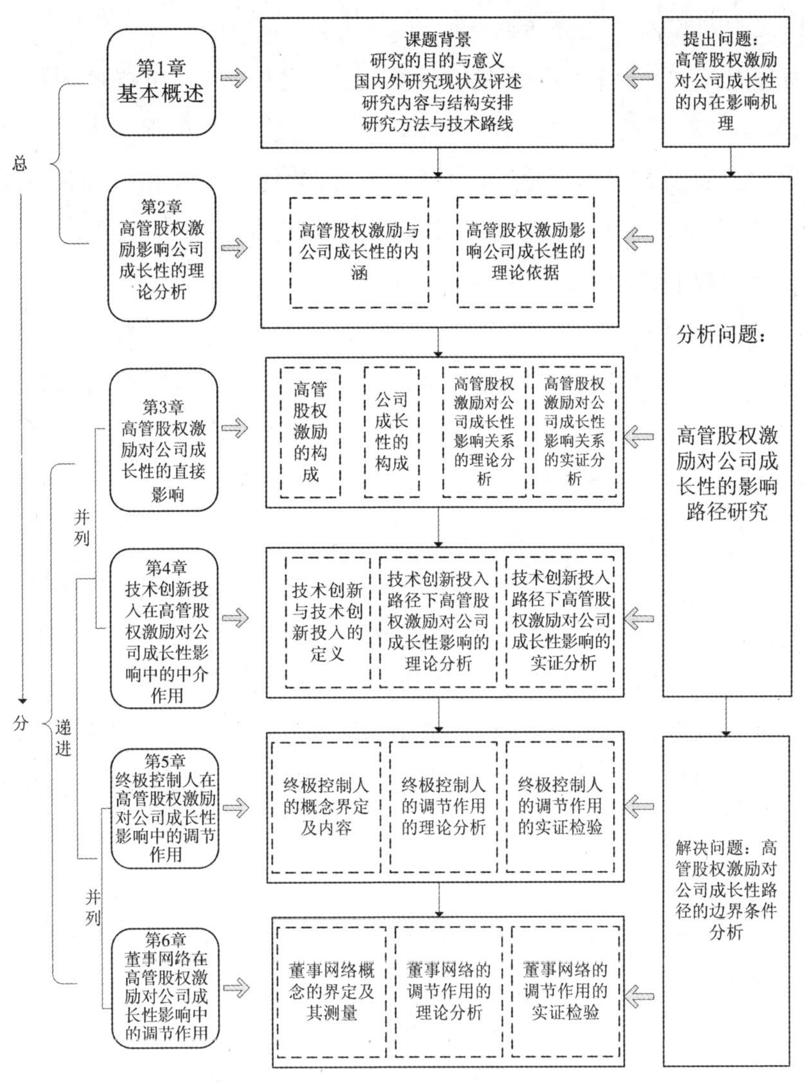

图 1－1　本书逻辑结构图

1.4　研究方法与技术路线

本书使用的研究方法有：

1. 文献研究与规范分析法

通过查阅、分析有关高管股权激励、公司成长性、公司技术创新等相关文献，基本掌握了相关领域国内外的最新的研究成果，确保了本书问题提出的科学性。通过对代理理论、人力资本理论、契约理论等相关理论的文献梳理，推导出本书的理论框架。在实证结果的分析和讨论中，也采取了理论演绎和推理的规范分析法。

2. 实证分析法

第一，本书围绕高管股权激励如何影响公司的成长性，高管股权激励如何影响公司的技术创新投入以及高管股权激励如何通过技术创新投入影响公司的成长性，提出了相关的研究假设。第二，本书分别建立了实证检验模型。在明确自变量、因变量和控制变量的基础上，笔者构建了终极控制人的单阶段的有中介作用的调节模型和董事网络双阶段的有调节作用的中介模型。第三，搜集实证数据，所有数据来源于国泰安数据库、锐思数据库、各大财经类门户网站以及上市公司年度报表，笔者根据本书的研究目的和研究主题有针对性地搜集相关数据，并在此基础上进行了筛选、剔除，确保数据的准确性和适应性。第四，笔者进行实证检验，进行了描述性统计分析、相关性分析、回归分析等，检验了研究假设。

3. 比较分析法

在不同的高管股权激励方式对公司的技术创新投入以及成长性的影响的研究模型中，采取了比较分析的方法。将股票期权、限制性股票和股票增值权三种高管股权激励形式分别进行比较，并提出对公司技术创新投入以及成长性的不同的影响作用，从而得出高管股权激励方式对技术创新投入以及成长性影响情况的准确结果。在终极控制人的调节作用研究中，比较不同性质的终极控制人的不同作用程度，并验证其对中介模型的调节作用。

4. 社会网络分析法

在董事网络的调节作用的研究中，本书使用了大型社会网络分析的方法，在对董事网络的四个维度进行信息搜集以及加工处理的基础上，综合计算公司的董事网络中心度指标，得出公司在董事网络中所处的位置，并进一步通过回归分析，检验董事网络中心度在公司高管股权激励与公司成长性模型中的双阶段调节作用，验证研究假设。

本书的技术路线如图 1－2 所示。

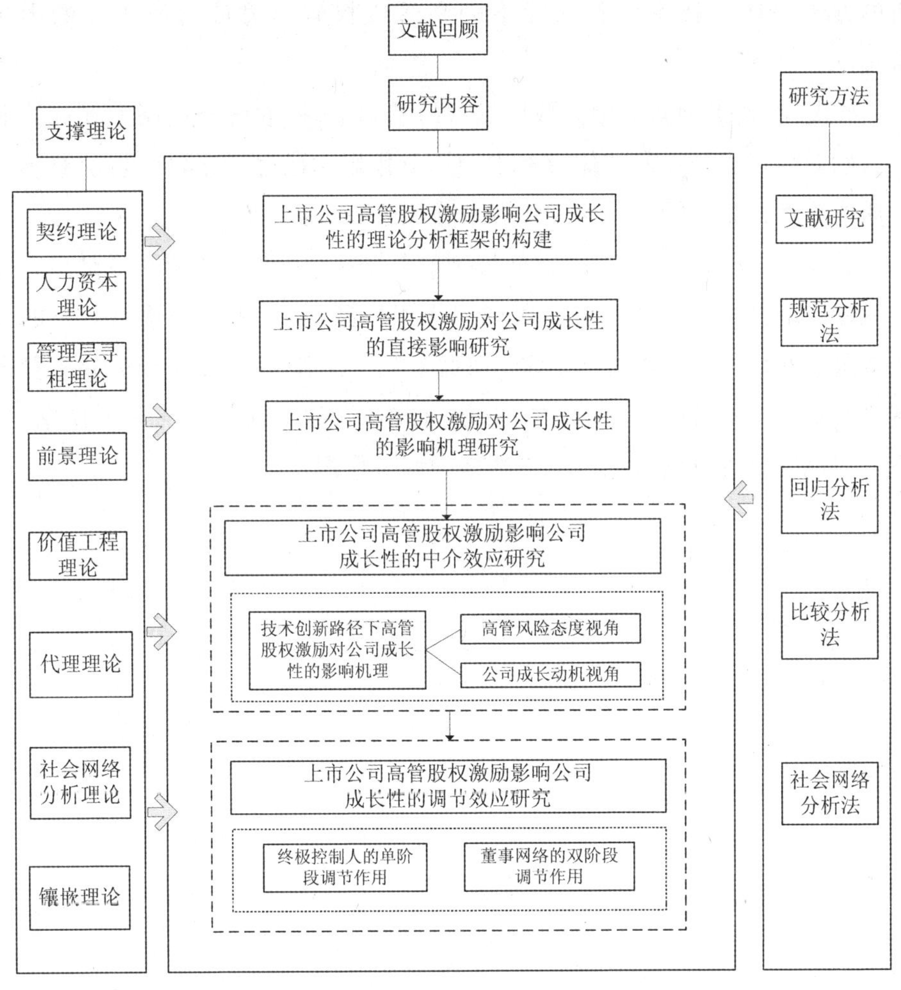

图 1－2 本书的技术路线图

首先，根据文献研究和规范分析，提出本书研究的问题，并以契约理论、人力资本理论、管理层寻租理论为理论基础，运用规范分析的方法对高管股权激励、公司成长性的内涵进行了分析与界定，并在此基础上构建高管股权激励对公司成长性的理论分析框架。

其次，在高管股权激励影响公司成长性的理论框架上，运用规范分析、文献研究和实证检验方法构建了高管股权激励影响公司成长性的技术创新投入路径，在得出相应的研究假设基础上，针对我国上市公司，利用回归分析的方法验证了技术创新路径下的高管股权激励对公司成长性的影响机理。

再次，在技术创新的中介效应模型的基础上，探索终极控制人在高管股权激励对公司成长性的整体模型中的调节作用。运用了比较分析法对不同性质的终极控制人特征如何发挥调节作用进行了比较研究。

最后，在技术创新的中介效应模型的基础上，构建了董事网络对高管股权激励影响公司成长性的双阶段调节作用模型，并运用社会网络分析的方法对董事网络中心度进行了计算，在此基础上运用了比较分析法分析董事网络对不同的高管股权激励方式对公司成长性的不同影响的调节作用，最终利用回归分析方法验证了董事网络的调节作用。

第 2 章　高管股权激励影响公司成长性的理论分析

2.1　高管股权激励与公司成长性的内涵

2.1.1　高管股权激励的内涵与形式

高管股权激励就是对公司的高管人员实施的持有公司的股票或股权的薪酬激励方式。公司通过这种方式确保高管人员的收益与公司的利益捆绑在一起，以此达到激励高管人员的目的。高管股权激励与高管的范围以及股权激励的形式有关。高管，即公司的高级管理人员的简称。现行的《中华人民共和国公司法》规定高管是指公司的经理、副经理、财务负责人，上市公司董事会秘书和公司章程规定的其他人员；国务院关于上市公司的相关规定中则认为董事会成员、监事会成员、经理、财务负责人、董事会秘书和章程规定的其他人员均属高管的范围。在国内的相关研究中，也有关于高管人员的相关界定。比如魏刚（2000）把董事会成员、监事会成员和经理、财务负责人归入高级管理人员[39]；杜兴强、王丽华（2007）则认为公司高管只局限于董事长和总经理这两个职位的人员[40]。本书旨在研究在公司内扮演重大问题的决策者的决策层，实施股权激励政策对公司成长性的影响，因此，选择了董事长、副董事长、首席执行官（CEO）和总经理为研究对象，研究对这些人员实施的股权激励措施对公司成长性的影响。

股权激励的形式，一般分为股票期权激励和股票激励两种形式，但在我

国的实际运用中,出现了以下四种形式:

1. 股票期权

股票期权是最常见,也是使用最广泛的一种股权激励方式。它是指上市公司授予相关人员在一定期限内以约定的价格购买一定数量股票的权利。被授予人员通常不能在被授予股票期权后,立即购买股票期权,而一定是在一定的时期后才能实施,这个时期叫作“获权期”。在我国公司高管获得的股票期权具有一个到期期限,即为5—10年。股票期权一般根据执行价格与授予时的价格比较的结果,可分为三种形式,即平价期权、折价期权和溢价期权,平价期权是执行价格等于授予日市场价格,折价期权是执行价格低于市场价格,而溢价期权则是执行价格高于市场价格。另外,股票期权不得用于转让、担保和偿还债务等,实施股票期权的公司较多,比如万科、伊利等。

2. 股票期股

股票期股是公司的所有者与所雇用的经营者签订的一份书面协议,允许经营者在一定的期限内以一定的价格获得公司的股份。经营者在获得股票前,可以先获得股票的分红权,但没有公司的表决权。因此,它也被称作虚拟股票。待到经营者认购了公司的股票后,就拥有了持有权、处置权、分红权、表决权等权利。经营者认购股票期股的方式包括个人出资认购、工资收入抵值等方式。可以一次认购,也可以多次逐渐获得。股票期股是公司发展初期或者发展过程中,对公司的主要经营人员实施的一种较有效的激励方式。早在1999年北京就有10家公司试运行股票期股计划,如同仁堂、大明眼镜等。

3. 限制性股票

限制性股票是指上市公司以规定的价格授予相关人员一定数量的公司股票,并要求激励对象达到工作年限或者业绩目标的要求后才可以出售股票。也就是说,高管必须在一定的期限内(比如3年内),达到公司向他们提出的业绩要求后才能出售公司的股票套现。在限制期限内,不允许高管随意处置公司的股票,如果在这期间,高管离职或被公司开除,均将没收激励股票。限制性股票会激励公司高管人员从公司长远利益出发,更好地实现公司的长远发展。实施限制性股票的公司有用友、万达等。

4. 股票增值权

股票增值权并不是对激励对象授予股票或者股权,而只是在一定时间内获得一定数量的公司股票价格上升而带来的收益的权利。股票增值权并未赋予高管人员表决权、处置权等。公司可以全额支付股票增值权,也可以部分支付,可以以现金形式也可以以股票形式,或者二者结合的形式。实施股票增值权的公司一般都是在公司可分配的股票数量有限,或者赠予股票或者股权会造成股权稀释过大的情况下选择的激励方式。实施股票增值权的公司有中石化、招商银行。

2.1.2 公司成长性的内涵

关于公司成长的概念,虽然不同的学者得出不同的认识,但汇总国内外的相关研究,我们发现在公司成长的表现上基本能够达成共识,即认为公司成长是公司从内到外、从"量"的增长到"质"的提高的持续增长的状态。"量"的增长是公司处于良好的发展和成长状态的外在标志,"质"的提高是公司发展内在动力的根本体现,前者是公司发展的"果",后者是公司发展的"因"。"量"的增长一般是指公司业绩或者经营资源的增加,比如公司雇员规模的扩大、市场销售收入的增加、净资产收益率的提高等;"质"的提高,是指公司内在治理结构的完善、利用开发和获取资源的能力的提升、经营资源质量的上升等,最终表现在公司核心竞争能力的提高、创新能力的提高和对外部环境的适应能力的提升等。

公司成长性与公司成长的概念具有非常紧密的内在联系,但两个概念之间还有一定的区别。公司成长性往往更加强调成长的持续性,而公司成长可以表现为短暂的或者迅速的但没有持续性的成长。许多公司只是抓住了短暂的市场机会,迅速地发展成长,但随着经营缺乏长远规划、资金链断裂、缺乏管理经验、竞争对手增多等原因的出现,很快从市场中消失,这样的短命公司在我国市场上常见;另外也有些公司是能够持续经营的,但规模和经营实力的发展壮大存在困难。公司成长性是指公司在相对较长(至少3年)的时间里具有良好的“质”和“量”方面的发展与增长态势。公司成长性通常包括三个方面的含义:一是增长性,即公司具有经营规模和业绩等从小变大、竞争能力由弱变强的明显增长;二是持续性,即在至少3年的时间里始终保持良好的增长态势;三是变革性,即在企业发展的内在竞争能力、治理结构等方面实现不断的革新。因此,增长性可以用公司财务经营质量的指标表示,如销售收入的增长、利润的增长、员工规模的增长等;持续性要求观察以上指标至少3年的增长态势,作为衡量公司成长性的指标;变革性用衡量公司营销能力的顾客满意度、内在治理结构的董事会结构、创新能力的技术创新投入等指标来反映。

Ardishvili等人(1998)通过深入分析公司成长的文献,提出衡量公司成长的基本要素为:生产效率的增长、雇员规模的增长、市场销售收入的增长和财务利润的增长。[31]选择这四个方面进行成长性的衡量,主要是因为一般公司成长都是指公司获利能力或者核心竞争能力提高了,比如公司人员素质的提升或者生产效率的提高。但也有研究认为公司的规模增长的同时,其资产的获利能力也增强了,这样才可以称为公司成长了。也就是说,只有规模的增长,而资产的盈利能力却下降了,并不能被认定为成长。无论从“量”的表象上还是从“质”的内涵上看,公司的成长都一定是既包括生产、人员等经营规模的扩大,也包括公司的盈利能力的提升,也就是公司的收入水平和利润水平的提高。于是,本书选择这四个方面考核公司的成长性。

另外,从时间维度上,可持续成长性是公司追求的重要目标,尤其是在产品、技术、知识等日新月异的市场环境下,公司更需要追求可持续成长。可持续成长不能只追求发展速度的提高和规模上的扩大,而应该在充分考察和掌握外部市场变化的情况下,进行持续性的产品和技术的创新,以延长企业和产品的寿命。持续性的成长一般指企业在较长时期内的发展。笔者在选择指标的衡量期限时,采用了较长一段时间(3年)作为公司成长和发展的阶段目标,即以生产效率、雇员人数、销售收入和利润四个指标3年的增长水平作为反映公司成长性的指标。

2.2 高管股权激励影响公司成长性的理论依据

2.2.1 契约理论下高管股权激励对公司成长性的影响

激励契约是现代契约理论所研究的重要问题之一。所谓激励契约就是指委托人采用一种激励机制以诱使代理人按照委托人的意愿行事的一种条款。激励契约来源于产权理论和代理理论。产权理论是由科斯创立的,随后由众多学者进行了拓展,学者们认为企业是一系列合约构成的联合体。契约理论认为企业是一种“团队生产”的产物,在团队中所有成员均会影响其他人的生产效率。企业的最终产出是所有人共同努力的结果,然而,企业中每个人的贡献值很难准确计算,企业很难据此支付报酬,于是企业中的个体就会产生偷懒的思想。为了降低员工的偷懒行为,企业需要找到合适的监督者对其行为进行监督。对于监督者的选择,契约理论学者认为可以挑选组织内部的人员充当,这样既能够降低监督成本,又能提高监督效率。至此,就开创了产权理论。

随后 Berle 和 Means(1933)最早提出了公司制企业中所有权和经营权分离带来了管理层和股东之间的矛盾,这个矛盾被称为委托代理矛盾,该理论就是委托代理理论。委托代理理论认为所有权和经营权的分离造成管理层与所有者目标函数的不一致,从而导致在可能的情况下,管理层采取利己而损害所有者权益的行为。为了避免这一问题的出现,所有者试图采取有激励作用的薪酬方案以确保管理层尽量减少利己行为,而以满足所有者的利益为追求的目标。在委托代理关系中,管理者处于信息的优势地位,在利益的驱动下,管理者倾向于做出尽可能地有利于自己而不利于别人的选择。这就是委托代理关系中的“逆向选择”问题。另外,由于信息不对称的存在,委托人很难清楚地界定在工作中代理人所做出的努力程度时,代理人就会产生隐瞒行动的动机,于是就产生了损害委托人利益的“道德风险”。[41]

在实际研究中,我们发现,代理问题具有多种表现形式,其一是管理层与股东之间的第一类代理问题,其二是公司控股股东与中小股东之间的第二类代理问题。有研究表明随着公司股东持股集中度的增加,上市公司会出现大股东掠夺和侵占小股东利益的问题,比如 Friedman 和 Johnson(2003)用"掏空(Tunneling)"来形容大股东对中小股东的利益侵占行为。[42] Shleifer 等人(1997)认为,大股东和小股东之间的代理问题与其掌握的现金流所有权有关,即现金流的所有权归包括小股东在内的所有股东所有,但控制权却掌控在控股股东手中,控股股东可以通过自利性交易和股权稀释等手段达到攫取控制权私有收益的目的。[43] 卢闯(2009)认为,大股东如果只以较少的现金流量权就获得了较大的控制权,就会试图侵占小股东的利益。[44]

解决第一类代理问题时,Jensen 和 Meckling(1976)认为以所有权激励是解决这类代理问题的有效方式,即对高管实施股权激励使其成为公司的股东之一,这样可以大大地降低高管的代理成本。Jensen 和 Meckling 认为企业的实际价值与所有者经营时的价值之间的差就是高管的代理成本。他们认为实施高管股权激励会激励高管更加努力地提高公司的绩效,同时减少由股东承担成本的不必要的在职消费。因此,高管股权激励会降低高管的代理成本。[2] Jensen 和 Murphy(1990)认为高管人员的薪酬往往与公司的成长密切相关,在薪酬激励的作用下,高管人员追求的是公司规模的增长和公司利润增长的最大化。[45] 因此,公司通过制定有效的激励契约引导工人尽最大努力为其工作,降低代理成本,从而实现公司的成长。在第二类代理问题中,高管人员持有公司股票后变成了公司的股东(只是中小股东而不是控股股东),使得代理问题变得较为复杂。有研究表明,当高管人员不是公司股东的身份时,高管人员往往有动机推卸自身由经营失败而导致公司失败的责任[46],由此,也形成了第二类代理问题中的代理成本。股权激励可以在降低代理成本的同时,实现公司的成长。股权激励降低两类代理关系中的代理成本的表现有以下几个方面:

(1)高管股权激励可以降低两类委托代理关系中的信息非对称程度。Denis 等人(2003)的研究表明公司的股权集中度越低,大股东的控制能力越低,管理层行为的可观测程度越高,也就是管理层行为的信息非对称程度越低,管理层进行内幕交易的可能性越小。[47] Bhide(1993)也认为,公司的股权越分散,信息的非对称程度就越低,股东通过监督管理层降低其代理的成本,管理层的行为可能会提高信息非对称程度。[48]

(2)高管股权激励会促进公司高管增强风险意识,为公司寻找更大的发展机会。委托代理理论认为公司高管通常是风险规避的,即当公司高管人员只是作为管理人员存在而不持有公司的股份时,他们会尽量回避风险较高的投资项目,而尽可能选择风险较小的项目。委托代理理论同时认为公司股东是风险中性的,就是说股东由于持有公司的股权而会着重追求投资收益较高的项目,以此提高公司的收入水平。有研究验证了此观点,即高管持股比例越高,高管人员的个人福利水平与公司业绩的关系就越密切。[33] 委托人与代理人的风险态度是代理理论研究的核心问题。古典代理理论认为委托人在进行个人行为决策时是风险中性的,因为他们可以通过多元化持股(持有不同类型公司的股票或股权)实现风险的平衡。相反地,代理人由于职业安全和收入的考虑往往是风险规避的。[34] 有人指出,代理人的规避风险态度会形成以追求公司利润最大化为目标的委托人的机会成本,委托人与代理人风险态度之间的差异就是委托代理关系中的“道德风险”问题。委托代理理论提出需要建立完善的监督和激励机制,转变代理人的风险态度以实现委托人的最终利益。[35] Hemmer、Kim 和Verrecchia(1999)认为对高管实施股权激励会激励高管提高风险行为,从而选择高风险-高回报的投资项目进行投资。[49] 公司的风险行为分为公司风险、行业风险和个人风险三个层次,Johansson(2009)认为高管和股东会选择适合公司的风险形式,高管人员会考虑风险行为可能造成的成本以及对公司收入水平的影响因素来进行决策。[50] Core 和 Guay(1999)指出,股权薪酬会促进风险规避型高管承担可能已经废止的有价值的风险项目,从而促进公司绩效的提升。[14]

(3)高管股权激励增加了高管人员的离职成本,因此,高管职位的稳定性增加。股权激励比工资等传统形式的薪酬具有更强的留住高管的功能。

持有公司股份的高管不仅能够通过持股方式获得显性的股票薪酬，而且享有分红、派息和股票期权等动态调整的隐性薪酬，因此，其积极参与公司长远发展和规划的动机就会得到加强。当高管人员持有的公司的股票数量增加时，其在公司内的话语权也会随之增加，这样即使公司的业绩水平变差，高管人员被更替的概率也会降低，也就是由于离职成本提高而产生的所谓的“占位效应”。Dahya 等人（2008）通过研究也发现，公司高管持股会增加高管人员的权力，从而降低高管人员变更的可能性，也就是说，高管持股与高管人员的变更呈负相关关系。[51] 刘新民等人（2011）以我国 2005—2008 年 176 家上市公司为研究样本，探究高管持股对高管人员变更的影响时指出，高管持股对高管团队变更的影响取决于变更的损失与留任的预期收益的关系，高管持有公司股票后成为公司的股东，因此在其选择职位变更的时候即要在离职收获与放弃预期收益之间进行权衡。当留任收益大于职业发展收益时，会选择留任；当离职收益大于留职的预期收益时，会选择离职。[52] 因此，高管持股成为职业稳定的保护伞，为公司高管团队的稳定提供了保障。

2.2.2 人力资本理论下高管股权激励对公司成长性的影响

政治经济学认为资本是可以产生剩余价值的价值。资金、厂房、设备、土地等，都能带来剩余价值，因此都是资本。而人力资本凝结在劳动者身上的技能、知识及表现出的能力，也是人们在自己身上投资所获得的能够增加个人未来的收入、促进国民经济增长的知识和能力。人力资本与其他物质资本相同，都能够通过投资形成，并且为投资者带来利润收益，而且人力资本具有与所有者不可分离和专用性的特性。人力资本所有者投入公司劳动中后，其身上包含的资本就成了一种抵押品，人在资本就在。二者不可分割。人力资本具有专用性特征就是因为人力资本所有者掌握某种技术、工作技巧，或者某些特定的信息。这种专用性使得人力资本在进出公司的时候都需要考虑适应性问题。有的理论认为，随着专业化分工程度的提高，人力资本的专用性风险有所加大。为回避这种风险，公司需要赋予人力资本分享公司剩余索取权，以此确保人力资本的价值增值。

公司对高管人员实施股权激励是对高管这种人力资本形式进行所有权分配的方式之一。其作用体现在两个方面：一是通过授予高管人员股票期权使其享有公司的剩余索取权，以此激励其进行人力资本投入；二是制约了高管人员潜在的机会主义行为。股权激励使得高管在一定的时间期限内方可获得股权，在这段时间内高管人员将自身的人力资本"抵押"给了公司，相当于公司延长了对高管人员的考核期，因此，在一定程度上降低了高管人员的机会主义行为，降低了高管行为的道德风险。

有些学者也指出，对公司高管实施股权激励是对其进行人力资本投资的一种主要方式，对公司的成长具有一定的促进作用。Mallette(1992)认为现代公司的剩余索取者不应该只有股东。公司内所有的人力资本都与股东一样承担着专用性的风险，因此，都应该作为剩余索取者，只有这样才能有效地激励雇员努力实现企业价值最大化。[53]张同全(2003)解释了人力资本产权的概念，同时提出人力资本产权与人力资本所有者不可分离，人力资本所有者掌控着人力资本产权的开发与使用，一旦产权受损，其资产将立刻贬值，甚至消失。公司应该与人力资本所有者确定人力资本产权的合法性，并确保其获得剩余索取权，以实现对人力资本产权的合理激励。这种产权激励会促使人力资本拥有者提高自身人力资本的开发和利用水平，从而促进公司的未来成长。[54]高管人员的人力资本具有高增值性和收益传递性的特征。高增值性是指高管人员的人力资本具有其他类型的人力资本无法比拟的高价值性。李维安等人(2011)认为高管人员是公司成败的关键因素，高管人员的人力资本在企业绩效的提升中具有关键的作用。高管人员利用自身的人力资本，投入工作，制定正确的决策方案，为企业创造很高的经济价值，这是其他人力资本无法比拟的。当然，高的人力资本增加值也会带来高的人力资本回报。收益传递性是指高管的人力资本投入水平提高会带来其他人力资本收益的提升。因此，高管人力资本的能动性发挥程度和使用效率，直接影响公司经营状况的优劣，也决定其他资本形式的收益水平，因此，管理好高管人员的人力资本是很重要的。高管独特的人力资本性质是解释高管薪酬水平在公司所有员工中最高的重要因素，同时为了解决委托代理矛盾，我们需要明确企业家激励报酬模式。股权激励薪酬是公司对高管人员处于核心人力资本地位认可的重要表现，高管是公司之间最具竞争性的战略性资源。有研究表明，股权激励薪酬有助于吸引更优秀的高管人员的加盟，并保持高管人员在公司内部的稳定状态，从而确保公司高管的人力资本水平。[55]

高管股权激励措施的实施有助于公司内部人力资本水平的提高。有研究表明持有公司股权的高管更有动机进行良好的人力资本储备，因为这样可以为公司的顾客创造更大的价值，并实现公司绩效的提升。[56] Carpenter（2007）研究发现高管股权薪酬有助于激发高管提升内部员工的人力资本，以此提高员工对企业的认可程度，持股比例越高，高管人员越注意提高员工的满意度进而提高其对企业的认可度。[57]

根据社会镶嵌理论，经济组织的行为往往受其所处的环境中的非经济组织的影响，比如非经济组织会影响经济组织所需花费的成本以及适用的技术水平。[56]经济组织由于介入其他组织或个人的生产和生活，因此既可能从中获得必要的信息、资源，也可以向外界传递能量。Granovetter（1995）指出市场中的人力资源与其所需要的工作在人力资源成本和收益相等的情况下达到均衡配置。[58]但在现实的人力资源市场中，社会网络在人力资源的工作选择中起到了关键的作用。Lin（2008）认为雇员和雇主均会从他们熟悉的人力资源处获得他们认为可靠的信息，以供他们做出合理的决策。[59]

2.2.3 管理层寻租理论下高管股权激励对公司成长性的影响

20 世纪 90 年代以后，随着一些公司出现高管过度激励问题，人们开始怀疑薪酬激励对公司成长性的促进作用。Bebchuk 和 Fried（2003）提出了管理层权力理论[60]，也叫作管理层寻租理论。管理层寻租理论认为当管理层拥有的权力增大时，管理层会出现更多的自利行为。随着高管持股数量的增加，这种薪酬激励却成了代理矛盾的一部分。薪酬激励发挥对企业成长性的促进作用需要有三个前提:一是董事会具有独立性;二是产品市场、劳动力市场和资本运营市场机制相对完善,能够充分发挥对管理层行为的监督作用;三是股东能够充分利用相关法律法规赋予的参与企业重大决策的权利,发挥对高管薪酬契约制定的监督作用。而在现实经营中,这三个前提条件并不完全具备。首先,高管人员拥有对自身以及董事会成员的任免决策的影响权,也就是说高管人员的市场化进出机制并不完善,高管人员可以运用其自身拥有的权利进行首席执行官、总经理、董事、独立董事等职位人员的选拔和任用[61];其次,管理层可以利用其拥有的权力影响薪酬水平以及薪酬激励措施的制定。董事会独立性不够,高管人员通过提高自身的薪酬激励水平或选择更加有利于自身利益的薪酬激励方式,获得管理层权力的租金。管理层寻租理论认为股权激励可能加剧代理问题。如管理层利用职权获得优惠贷款,获得与企业绩效水平背离的高额离任补偿,等等。[62]

管理层寻租理论认为,管理层权力越大,管理层薪酬水平就会越高,薪酬与企业业绩增长的关联程度就越小。Cohen 等人(2008)认为盈余管理是企业管理层拥有的权力和成本的函数。[63]管理层拥有的权力越大,盈余管理的能力越强,使用其手中的职权进行真实盈余管理的可能性就越大,因此,会选择盈余管理向投资者传递利好的市场信息,影响企业短期的市场表现,这种行为不利于企业持续性成长。王化成、佟岩(2006)的研究表明,控股股东的持股数影响企业的盈余管理质量,控股股东是国有时,盈余管理的质量很低,控股股东持股比例越低,企业的盈余管理的质量越高。[64]

企业的盈余管理类型一般可以分为应计盈余管理和真实盈余管理两种。应计盈余管理是根据会计准则中可利用的自由选择权,通过会计手段对会计信息进行操纵。[65]真实盈余管理是管理层通过操纵一些偏离企业正常经营状况的活动误导股东或者消费者,使他们相信企业是通过正常经营而达到良好的财务目标的。应计盈余管理是合理地利用会计准则和会计估计的空间,来改进财务管理的信息,以达到预期的盈利目标。应计盈余管理并未改变企业的实际利润水平,而只是将盈利在不同期间进行了重新分布。但近年来随着我国新的会计准则的实施以及会计政策的逐渐成熟,企业通过会计盈余管理来改变盈利水平的弹性空间逐渐缩小。因此,应计盈余管理对企业业绩成长的影响也越来越有限。而真实盈余管理是"通过安排投资或筹资决策的时间或者活动来改变报告盈余或者实际盈余,达到盈余管理的目的",对企业未来经营业绩和企业价值会产生较大的影响。[66]

在企业实际经营中,哪些活动属于真实盈余管理活动呢?无论从外部市场的投资者角度还是从公司内部大股东角度,技术创新活动都是企业高管积极经营,为企业未来获得更好的发展状态和更高的利润所做出的积极努力,它体现了高管人员对企业未来发展的长远性、战略性和整体性的规划,是企业有价值的投资行为。它对于高管人员获得投资者、内部大股东、外部的顾客、供应商或债权人等利益相关人的肯定和认可具有积极的促进作用,尤其以技术创新活动的开端——技术创新投入活动为最有效的衡量指标,因此,技术创新活动被高管人员当作获得利益相关人信心和良好声誉的真实盈余管理行为之一。一些学者通过研究得出了相似的结论。Perry 和 Grinaker(2011)研究企业研发支出对企业收益报告的影响时发现,企业的实际收益比证券分析师预期的少时,企业就倾向于缩减研发支出项来达到证券分析师的预期盈利水平。[67] Saunila 等人(2012)从信号理论出发研究发现:公司高管通过提高技术创新投入的水平,可以影响债权人对公司的信心,进而提高公司的投资性收益;技术创新投入信息的公布会促进供应商更加全面了解公司的技术创新情况,进而促成供应商参与企业的纵向研发合作,增加企业的生产绩效和经营绩效;另外,通过技术创新投入信息的传递影响顾客对公司的信心,从而影响公司未来市场业绩的成长。[68]李增福等人(2011)证实,企业通过技术创新投入增加了顾客对企业的信心,从而实现了企业长期收益的增长。[69]综上可以看出,企业通过控制研发投入的水平来达到操控企业盈余的情况确实存在。

2.3 高管股权激励影响公司成长性的内在机理

契约理论是揭示高管股权激励影响公司成长性的最基础的理论之一,

它认为公司为了解决股东与管理者之间以及大股东与小股东之间的两层代理问题,需要提供股权薪酬方式以激励高管人员以公司或股东长远利益为先,确保公司生产水平、规模、绩效水平的发展。该理论从根本上解释了股权激励薪酬方式存在的必要性和对公司生产水平、规模、绩效水平等方面发展的积极促进作用。契约理论中的代理理论认为股权激励薪酬会促进高管风险意识的提高,管理层寻租理论也认为股权激励会刺激高管采取积极的经营行为以获得投资者、消费者、供应商等利益相关主体的支持。技术创新行为是企业的投资行为,是企业进行积极运营的一种表象,高管通常通过积极的技术创新投入行为表现其谋求企业发展的决心和态度。于是,我们假设技术创新投入作为公司高管股权激励影响公司成长性的中介路径。如果说高管的风险意识会决定其进行技术创新投入的动机的话,那么公司具备的技术创新资源的多少将是影响其技术创新投入水平的另一重要因素。在我国企业的发展过程中,企业性质是决定其能否拥有或占有优势资源的关键,比如国有企业和非国有企业、地方性国有企业和中央国有企业等不同的企业终极控制人性质决定公司具备不同的资金实力和融资实力,对人力资源的吸引力不同导致其人力资本储备或技术性人力资本储备不同,因而其技术创新投入的水平不同。因此,终级控制人性质会成为技术创新投入路径下高管股权激励影响公司成长性的一个边界条件。此外,公司所处的社会网络特征会决定其获得的资源水平和特征有所不同,公司高管所处的网络位置也会决定其获得的人力资本水平不同,于是对其高管决策行为具有直接的影响,包括高管股权薪酬激励方式的选择,技术创新投入水平的决定等。因此,董事网络将作为技术创新投入路径下高管股权激励影响公司成长性的另一个边界条件。

2.3.1 高管股权激励对公司成长性的直接影响机理

契约理论认为高管股权激励有利于促进公司的生产效率、雇员规模、销售收入和利润的增长,但管理层寻租理论却持有相反的结论。这种理论上的矛盾和冲突应该如何来解释呢?我们发现,契约理论是由企业治理所需要的管理者与所有者相分离,分别扮演各自不同角色的产权理论,与由产权分离带来的管理者和所有者之间以及大股东与小股东之间代理矛盾的委托代理理论,及解决这种矛盾所需要的合理的激励方式的探索的最优契约理论构成的。契约理论认为股权激励方式作为解决管理者与股东、大股东与小股东之间代理矛盾的主要方式,会通过影响高管人员的风险态度,以实现改善和提高公司绩效的结果。代理理论认为高管人员是风险规避的,而股东是风险中性的,股权激励能够激发高管人员采取积极的风险态度,进行适当的风险投资以取得公司绩效的提升。[34]但有研究表明,高管持有股权对其风险态度的影响并不是简单的单向关系。[70-71]他们认为股权激励对高管风险行为的影响并不是简单的博弈过程,即股权授予对于高管而言不只是简单的个人价值增值或者损失的过程,它是一个混合博弈的过程。Devers等人(2008)认为在以往的高管薪酬对高管行为或者公司绩效影响的研究中,均把高管薪酬作为一个整体因素来衡量其对高管行为的激励作用,但实际上,高管薪酬的构成因素对高管风险行为具有不同方向的影响,因此,要想准确地衡量高管薪酬对高管风险行为的影响,需要在不同理论的基础上,构建新的理论以准确解释二者的关系。他们认为股票期权尤其是未行权的股票期权会使得高管人员的自信心提高,从而导致其风险行为增多;限制性股票通常被高管人员看作达到公司的绩效标准时即可获得的一种既得福利,因此,高管人员会为确保获得这种收益而不愿冒风险,也就是限制性股票对公司高管的风险行为具有负向影响。在此基础上,他们发现高管拥有的现金薪酬水平会正向调节股权薪酬(包括股票期权和限制性股票)对公司高管风险态度的影响作用。[70] Larraza-Kintana 等人(2007)研究发现收入的不确定性会导致高管更多的风险行为,同时被解雇的风险会刺激高管人员采取更多的风险行为,而股票期权会降低高管的风险行为。[71]

高管股权激励的当前价值和预期价值具有不同的风险水平,对高管风险行为会产生不同的影响作用,同时股票期权和限制性股票对高管的风险行为也会产生不同的影响。在本书的研究中,将进一步探索高管股权激励水平和激励方式对高管风险行为以及对公司绩效等方面的增长产生什么样的影响。

2.3.2　技术创新投入在高管股权激励影响公司成长性中的作用机理

技术创新最早被熊彼特认为是“建立一种新的生产函数”，即生产要素的重新组合。曼斯菲尔德之后提出，技术创新是技术的实际采用和首次应用，即技术的采用也算技术创新。再到后来迈尔斯提出，技术创新就是将新的或者改进的产品、过程或服务引入市场。于是，技术创新包括开发新的产品、采用新的工艺方法、开发新的市场渠道、使用新原料和实现工业的新的组织五种情况，也就是技术创新包括技术创新、市场创新和组织创新。技术创新过程就是从技术创新投入到创新成果进行市场化转化的整个过程。其中，技术创新投入是技术创新过程的开端，而且无论是以技术创新、市场创新还是以组织创新为目的的创新投入都算技术创新投入的范畴。技术创新投入是企业投资行为的一种典型方式，与其他资本投入方式相同，它也具备价值增值的特性。

高管持有的风险态度直接影响其风险投资行为。Rajgopal 等人(2004)以美国的石油和天然气生产企业为样本，探寻公司高管持有的股权是否与企业的风险投资行为有关，研究结果表明公司开发活动的风险程度所获得的未来现金收入与高管所持股权收益的变动有关，高管持股水平积极影响公司的探险行为，而对公司油价的套现呈负向影响。[72] Sanders(2001)的研究表明，当高管持有股票或股票期权的价格比特定的执行价格低的时候，高管的股票期权不会转化成实际的物质财富。[73]此时，高管会通过提高公司绩效的方式提高公司的股价。技术创新投入可以为公司和顾客创造新的产品，通过满足更多的顾客需求增加企业的市场份额，或者通过提高生产效率降低经营成本。技术创新投入越多，公司的业绩水平越会得到提高。也就是说，拥有较高股票期权水平的高管会倾向于通过技术创新投入来提高公司的绩效水平。[74]

当公司高管持有一定比例的公司股票时，高管就变成了公司的所有者，此时他们的利益与公司股东的利益就联系在一起了，高管人员的工作目标就会与股东的一致，高管的决策也会与股东相同。高管持有股票或股票期权通常在一定时期内是禁止行权的，这个时间通常是 3 年以上，一般为 5 到 10 年。在这个期限内，通过持有公司股票而变成公司的所有者的高管就需要调整其投资的偏好，变关注短期利益的投资为长期价值型投资[75]，而在公司中 R&D(Research and Development，研究与开发)投资大多具有战略投资的特性，即具有投资多、回报多、周期长的特征，因此，高管更倾向于通过 R&D 等技术创新投入去提高公司的长期绩效。

2.3.3 终极控制人在高管股权激励影响公司成长性中的作用机理

如果说高管人员进行风险投资的动机是直接影响高管技术创新投入水平，进而影响公司成长性的主要因素，那么，高管能够直接掌控的决策权和能够为技术创新提供的资源条件则是其进行大规模技术创新投入的必要基础。因此，影响高管对技术创新的决策权限的因素，以及影响技术创新投入需要的信息、物质、技术等条件的因素则是需要进一步探究的内容。关于管理者决策权限的问题，在我国的企业中最主要的因素莫过于企业的性质因素，尤其在我国，国有企业和非国有企业在经营体制上存在一定的差异，管理层拥有的权限具有不同的特征，因此，研究中国企业的企业性质对高管权限的影响存在很大的必要。在管理层寻租理论的研究中，我们发现企业性质因素影响着公司高管的控制权。[76]比如国有企业和非国有企业相比，前者高管对于公司的控制权就比较小，公司进行大规模的技术创新投资时需要上级单位的严格审批和控制，同时国有企业相对于非国有企业而言，高管制定利己的薪酬政策的权限也非常有限，这样会导致高管为公司绩效提高而做出努力的动力下降，同时选择有高风险的投资行为的意愿也会受到限制。

从资源基础出发，不同性质的企业拥有和获取技术创新的资源的能力也有所区别。[74]比如在中国目前的市场竞争中，国有企业具有非常明显的资源优势，包括人力资源、政策资源、关系资源和财务资源等，这些都会为高管进行技术创新投入提供必要的资源准备，因此提升了技术创新的可行性。企业的终极控制人性质包含了企业的产权性质（国有企业或非国有企业）、政府背景性质（地方国有企业或中央国有企业）和金字塔层级结构（企业控制权的层级数）三个层面的企业性质特征，它反映了较为全面的企业性质特征。因此，从终极控制人性质出发，研究高管股权激励措施通过技术创新投入的路径如何影响公司的成长性具有明确的意义。

2.3.4　董事网络在高管股权激励影响公司成长性中的作用机理

除了企业性质因素，公司治理制度决定企业最核心的决策结构，是公司控制权、经营权进行划分的实际体现，而董事会又是公司治理制度的核心，它直接决定公司高管的权限。在以往董事会特征与公司高管行为以及公司成长性的研究中，我们发现研究主要集中在董事会成员独立性、专业性、勤勉程度等个人特征方面，而企业发展中的重要角色——董事往往由于业务发展或自身提高的需要而处在错综复杂的网络关系中，这种差异化的网络关系必然导致董事产生不同的治理行为。[77] Barnea、Guedj（2009）和Larcker等人（2014）研究发现，董事在不同公司兼任而形成与其他董事或者公司的直接或者间接的联结关系，复杂的联结关系交织在一起就形成了董事网络。直接联结关系往往是指同一个董事会成员之间通过董事会、各种委员会议或者非正式的沟通来实现交流，或者同一个公司内部的董事通过平时工作时间或者工作之外时间的交流、接触等形成的联结关系；间接联结关系往往是指处在不同的董事网络中的董事通过偶尔的接触、交流等行为形成的联结关系。[77-78]

处在不同网络关系中的董事所产生的对管理层监督和参与政策制定的程度有所不同，进而产生了不同的治理效果。Larcker 等人（2014）研究发现董事会人员的社会关系会通过影响其相互之间的依赖关系而影响其对公司高管人员的监督。他们通过构建董事与管理层以及薪酬委员会的关系模型，分析了董事对公司治理层的监督作用机理，针对 2002—2003 年美国

3 114家公司的22 074个董事样本进行研究，发现董事联结关系越多，公司高管的薪酬总额越高，公司未来的业绩水平越低，结论是董事网络关系会破坏其对公司管理层的监督作用及经营效果。[78] Battiston 等人(2003)通过研究公司之间的共用董事(也叫连锁董事)的行为特征发现，共用董事之间的信息传播具有羊群效应的特征，并探究了信息传播的路径，也就是说处在董事网络中的董事为整个网络提供许多必要的信息，以致连锁企业之间出现模仿的行为。[79] 也有些学者研究了董事网络成员及其企业之间的股权激励决策知识扩散的问题。Bizjak 等人(2009)发现董事网络成员之间的在股票期权激励信息上的知识扩散行为非常明显，即董事网络中的其他企业出现过倒签行为，公司采取倒签行为的概率就会扩大。[80]

2.4 本书的概念模型

利用契约理论和管理层寻租理论对高管股权激励影响公司成长性的关系判断存在矛盾，本书深入剖析了高管股权激励影响公司成长性的矛盾关系主要是由高管对被授予股权的不同价值的评价而导致的不同风险态度引起的，因此，本书在此基础上首先探索高管股权激励的不同价值水平如何影响公司的成长性；此后，构建了作为风险投资行为的技术创新行为如何在高管股权激励与公司成长性的关系中起到中介作用；最后，不同性质的公司决定高管所能掌控权限的大小、范围以及为企业创新行为提供的资源水平不同，因此终极控制人性质不同的公司为高管股权激励通过技术创新投入路径影响公司的成长性提供边界条件。而公司在其董事网络中所处的地位决定其能为公司提供何种以及多少技术创新资源，也为企业选择什么样的股权激励方式提供不同的参考依据，因此，董事网络特征为高管股权激励影响公司成长性提供了另一个边界条件。于是，笔者构造了本书的概念模型，如图 2 -1 所示。

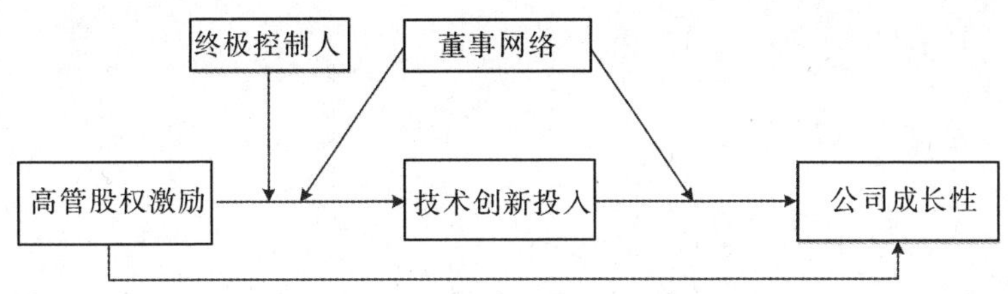

图 2－1 本书的概念模型

2.5 本章小结

本章对高管股权激励影响公司成长性的机理进行了理论分析。首先，对高管股权激励的内涵和公司成长性进行界定，并明确了高管股权激励的形式及特征；其次，对契约理论、人力资本理论和管理层寻租理论下的高管股权激励影响公司成长性的原理进行了分析；最后，发现了本书的研究重点，并构建了理论分析框架。

第3章 高管股权激励对公司成长性的直接影响

公司成长性是管理领域的重要问题。公司获得良好的持续的成长态势是理论界和实践界共同关心的话题。薪酬与绩效(成长)之间的关系是所有组织理论关心的主题。心理学家们认为激励在一定条件下能够产生更高的绩效,薪酬作为激励手段对公司的成长起着尤其重要的作用。作为公司重要决策的制定者——高管,对他们实施的激励性薪酬政策更会影响他们的经营决策,进而影响公司的成长。股权激励是对公司高管实施的最具有激励作用的薪酬政策之一,其对公司成长性的影响研究比较常见,但目前的研究存在一定的局限性:目前主要将高管股权激励和公司成长性作为整体的构念进行研究,并剖析二者之间的直接关系。实际上,高管股权激励与公司成长性之间存在更复杂的关系,这主要与我们对高管股权激励和公司成长性概念的界定以及由此决定的构成内容有关。本章在前面对高管股权激励和公司成长性的概念界定的基础上,剖析其内部构成,并在此基础上探索二者之间的内在关系。

3.1 高管股权激励的构成

从我国对公司高管所使用的股权激励方式来看,高管股权激励有股票期权、股票期股、限制性股票和股票增值权四种形式。股票期权允许激励对象在一定期限内以执行价格购买公司的股票;股票期股是公司允许激励对象按既定价格购买一定数量的股份;限制性股票也叫限制性股票期权,是股票期权的一种形式，是按照公司的预先规定，只有授予对象达到了公司规定的绩效标准时，激励对象才可以出售公司股票；股票增值权只是获得公司授予的股票价格上升所带来的收益的权利。从被授予人（高管）有可能的获利角度来看，可以把股权激励的过程分为几个阶段。

首先，股票期权可以分为未执行期（即未满公司规定的授予期限，高管无权选择是否执行股票期权的时期，一般为 1 年以上）、执行期（即达到公司规定的授予期限，高管决定是否购买股票期权的时期）和持有期（即高管购买股票期权后，持有该股票未在二级市场上交易的时期，通常是 5—10 年）。在未执行期，高管由于并未拥有公司的股票，因此不需支付任何成本，也不存在任何损失的风险。在执行期，高管需要决策是否购买公司的股票，因此，高管需要按照预先确定的价格购买股票，如果执行期股票市场上的该股价格低于预先价格，高管则存在折价的风险，相反则会获得溢价收益。在持有期内，股票的价格随市场规律和企业经营等多方面因素的变动而变动，高管需要承担持有股票价格下跌的风险，也可能获得持有股票价格升高的收益。其次，股票期股与股票期权的不同在于，当规定授予期满时，股票期股授予人必须直接购买公司的股票，而不能放弃购买的权利。因此，从股权激励的过程来看，股票期股就只包括未执行期和持有期两个阶段，也就是说，在未满授予期时高管无权做出任何购买行为，授予期满时高管必须购买预先确定数量的股票，然后直接进入持有期。在整个过程中，高管也需要在授予期满时，以预先确定的价格购买公司的股票，因此需要承担由股票价格下跌而造成的折价损失的风险。再次，限制性股票期权是股票期权的一种，只是在授予对象持有公司的股票后，只有工作年限或者业绩目标符合公司的要求时才可以售出公司的股票，一般都规定限制期为 3 年，并且满足公司提出的业绩目标。因此，限制性股票期权与一般的股票期权不同之处在于持有期，即持有期至少为 3 年，而且出售公司股票也有基本的业绩条件。最后，股票增值权是在规定的时间内直接获得公司的股票价格上升所带来的收益权。股票增值权一般也包括未执行期和持有期。未执行期就是公司规定的可以享受股票增值权的时间下限值，一般都是授予股票增值权后的当年末，即从这个时间点开始之后的每年末都可以获得公司的股票增值权。持有期是指直到取消该股票增值权为止，授予对象可以享受股票价格上升的时间期限。在整个过程中，由于高管不需要支付购买股票的成本，只是形式上拥有股票，因此高管需要承担的风险只有公司股票价格不上涨所带来的损失的风险。

根据上面的分析，我们发现对公司高管实施的股权激励的整个过程是较为复杂的，尤其是在高管购买公司股票时持有股票的价值和持有股票未来可能上升的价值，是决定高管行为导向以及公司业绩及其变化的重要因素。因此，我们在研究高管持有的股权与公司未来业绩走势的关系时，需要考虑两个关键时点的高管持股的价值，即执行股权激励计划当年高管所持股票的价值和随着公司的发展高管所持有股票发生变化的价值，亦即高管股权的当前价值（Current Wealth）和预期价值（Prospective Wealth）。Martin、Gomez-Mejia 与 Wiseman（2013）利用高管股权激励的当前价值和预期价值分析了其对高管风险行为的交叉影响作用[9]，研究发现，高管股权激励的当前价值与预期价值对高管风险行为的影响并不独立，高管股权的预期价值会降低当前价值对高管采取冒险行为的负向影响程度，同时也发现高管对其薪酬方案的干预以及高管地位的脆弱性会中介于高管持股的预期价值（或当前价值）对高管冒险行为的正向（或负向）关系中。

3.1.1　高管股权激励的当前价值

期望理论（Prospect Theory）认为，当人们面临风险时，总会采取风险规避的态度，也就是说如果未来的收益存在一定的风险，人们宁可不采取行为以获得未来的收益而只是维持现状。[81]委托代理理论的研究者发现高管的风险行为对公司绩效的影响是较稳定的，方向也是固定的。而行为决策理论认为，高管风险行为与公司绩效的影响关系并不稳定。Wiseman 和 Catanach（1997）结合委托代理理论、期望理论和行为决策理论，认为当人们面临当前价值的损失时，会放弃对未来价值的追求。[82] Elitzur 和 Yaari（1995）在研究高管激励薪酬与公司盈余操纵的关系时，引入了股票市场的因素,提出高管股权的当前价值和最终价值的概念:当前价值是指高管所持有股权在进行盈余操纵的年末时的价值,而最终价值是指高管退休或离开企业时,其所拥有的股权的价值。研究发现高管持股的当前价值和最终价值对其采取盈余操纵均具有显著的正向影响作用。[83] Wiseman 和 Bromiley (1996)研究发现高管股权的当前价值可以作为高管评价公司未来发展的参考因素,而不仅是决定公司高管风险行为选择的因素,此时高管股权的当期价值为高管持股数与公司每年末股票价格的乘积。[84] Devers 等人(2008)指出公司高管在计算其个人价值时需要考虑其拥有的股票或股权的价值,就像投资者统计其拥有的股票或股权的当前价值一样。[70] Devers 等人(2008)和 Larraza-Kintana 等人(2007)将高管持有股权的当前价值用高管被授予的股权数乘以对应年份年末公司股票的价格来表示。[71] Martin、Gomez-Mejia 与 Wiseman(2013)也沿用了当前价值的这个概念和表示方法。[9]

3.1.2 高管股权激励的预期价值

古典代理理论认为,通过授予高管公司的股权或股票的形式将公司的委托人(公司的所有者,也就是股东)和代理人(公司的高管)的利益保持一致可以解决委托人和代理人之间的代理矛盾。然而 Dalton 等人(2003)认为当对公司高管实施股权激励措施时也存在着管理权损害(Managerial Mischief),也就是高管可能由于持有公司股权而拥有更大的决策自主权,因此实施不利于公司的自利行为。[85] 出现这种现象的主要原因在于,对公司高管实施股权激励虽然能够将高管与委托人的经济利益之间建立一致的关系,但却未能确保二者的行为保持一致。委托方与代理方所建立起的关系的一致性包括两个层面:一是经济利益一致化,即代理人的经济收入随着委托人的所有权收入或者薪酬收入的变化而变化;二是选择权和行动(Preferences and Actions)的一致性,委托人和代理人的选择权与行动保持一致时,二者的利益才保持高度一致。

进一步地,Murphy(1999)将委托人和代理人之间的经济利益一致(Financial Alignment)分为两类:精确一致(Explicit Alignment)和模糊一致

(Implicit Alignment)。精确一致是指代理人的收入和价值与股东(委托人)的价值通过持有公司的股票、限制性期权和股票期权等保持一致。而当代理人的收入和价值是通过会计核算出来的企业的绩效,比如盈利能力等形式来与委托人的价值保持一致时,叫作模糊一致。Murphy(1999)认为高管的薪酬水平与企业的盈利能力之间的模糊一致是直接相关的,而能否保持与股东利益的一致性也就是精确一致(需要保证与股东的选择和行为一致)还与盈利能力和股东回报之间的关联程度有关。[35]由此可以看出,高管薪酬水平与企业盈利能力之间的模糊一致往往是薪酬水平与企业短期财务绩效水平之间的一致性。而对于采取高管股权激励计划的企业而言,高管持股的短期价值应计算在其收入水平中,也就是高管持股的当前价值。而从未来确保与股东利益一致都是就长期行为而言的,高管持有公司股票或股权的长期价值(也就是预期价值)也就成为其薪酬水平的重要构成,它会直接影响高管采取何种行动,进而影响其与股东利益是否保持高度一致。

高管股权的预期价值是高管对持有的公司股票或股权未来能够实现的价值的预估值,它是根据高管对公司股票未来走势的研判,股票价值高于当前价值的水平。[35]公司会根据其自身发展的需要,为高管人员制定在未来的某个时间以一定价格授予高管一定数量公司股票或股权的激励计划。在规定的这段时间内,高管人员不具有处置和拥有这部分股权的权利,直到期满(一般这个时间为 10 年)。[70]在此期间,高管人员为获得更高的收入,就会采取积极的战略措施以确保公司的股价以及股东价值得到提高,因此高管对公司股价的预期价值会受到高管人员的战略行为的影响。高管持股的预期价值反映高管持有股权或股票未来潜在的价值提升空间,它开拓性地将股票市场的因素融入高管股权薪酬激励作用的研究中。[86]

3.1.3 高管股权激励的总价值

Kahneman 和 Tversky(1979)最早应用期望理论解释个体面临特定的边界界定清楚的问题时个人的行为选择规律。[81]战略管理者和组织管理者们利用期望理论来解释个体或群体面临组织内部的复杂问题时以及企业面临风险行为的选择时的两个层面的行为规律。期望理论在战略管理领域的应用存在基本假设谬误。战略管理的学者们将预期价值看作独立的因素,分析其对个体决策行为的影响作用,而忽视了当前价值在个体决策中的应有作用。有学者指出,这会导致其对公司绩效以及个体风险行为的分析存在巨大问题。由于当前价值与预期价值在行为决策分析中往往存在正向和负向两种相对立的影响作用,因此独立分析两种价值对公司绩效或个人风险行为决策的作用不能够准确反映其实际作用。Bromiley(2010)认为,即使当前价值和预期价值都起到方向一致的积极或消极影响作用,独立衡量二者的价值功能也有可能得出个体或者企业在决策中持风险中立立场的结论,期望理论的价值功能是与参照价值的距离的远近有关的。[87] Bromiley(2010)的研究表明,当个体的预期价值高于当前价值时,个体更会为获得更高的收益水平而选择风险规避行为,而当预期价值小于当前价值时,个体更会选择风险行为以获得更高的收益。[87]由此可见,当预期价值与当前价值存在差别时,个体会选择不同的风险态度,进而选择不同的风险行为。根据本书的研究,高管作为公司决策最重要的制定者,其在做出决策时的态度也会受其收益的价值的影响,也就是说,当期收益的预期价值和当前价值的比较结果不同时,高管的风险态度和风险行为也会有所不同,因此,有必要对其收益的预期价值和当前价值进行比较。比较的方式可以有两种:一种是预期价值与当前价值作差,一种是预期价值与当前价值作商。两种方式的区别在于:前一种方式是绝对数量的差异,即预期价值比当前价值提高或者降低的绝对数量值,后一种方式是相对的差异,即预期价值与当前价值的比值,也就是预期价值比当前价值提高或者降低的程度。

本书选择了第二种比较的方式,其原因主要有两个:第一,使用预期价值与当前价值的比值形式反映的是预期价值比当前价值提高或者降低的程度,也就是以当前价值为基准,预期价值比当前价值提高或降低的百分比,这种方式获得的比值结果反映了特定基准条件下,预期价值提高或降低的百分比,不同企业之间当前价值水平即使不同,利用预期价值与当前价值的比值也能反映二者之间的变化程度,这个数值可以在不同企业之间做横向比较;第二,从价值工程理论出发,我们发现当前价值相对于预期价值可以被看作是高管放弃了当前价值的成本而选择实现预期价值这个收入的结果,这与价值工程理论的基本思想比较吻合。即价值工程是通过团队的合作以及有组织的活动对所提供的产品或服务的功能进行定位,试图以最低的成本实现尽可能大的功能,实现产品或服务的高投入产出比。价值工程把产品或服务的功能当作价值,为实现功能所花费的各种费用当作实现价值的成本,从而找到功能与成本的最优比值。公司价值=功能/成本。根据本书的研究对象,高管股权激励的当前价值与预期价值在这里等同于高管获得股权激励的成本和未来的收益,因此高管股权激励的总价值等同于预期价值与当前价值的比值,即代表放弃当前价值的成本获得的预期价值的收益值。

3.2 公司成长性的构成

根据前面的总结,本书采用了 Ardishvili 等人(1998)提出的生产效率的增长、雇员规模的增长、市场销售收入的增长和财务利润的增长四个方面来表示公司成长性,也就是公司成长的产出性指标。[31]

3.2.1 生产效率的增长性

生产效率作为反映企业发展能力的重要指标,通常在经济学的相关研究中比较多见,用来反映企业的投入产出水平,或直接用来反映企业的绩效水平。在经济学的研究中,生产效率往往用全要素生产效率或生产要素产出效率来表述。一般是从经济产出和投入之间的关系入手,构建资本、劳动和其他物质资源与企业产出之间的关系模型,然后通过数据包络分析(DEA)或者随机前沿模型等优化各要素与生产效率之间关系的方法,推断不同要素在产出中的作用。比如在农业的产出效率研究中,就常见这样的方法。Farrell(1957)对英国的农业生产效率进行了分析,利用数学规划求出生产效率前沿线,这就是最早的 DEA 模型。[88]

在工业企业的研究中，以下研究均以产出效率作为企业的绩效。Berle和Means(1933)研究发现股权集中程度与企业的绩效成正比。[41] Bebchuk和Fried(2003)发现股权结构不影响企业的绩效水平。[60] Tian 和 Twite(2011)指出企业的生产效率(Productivity)是指企业超出投入成本的生产收益，它是反映企业经济绩效的很好的指标之一。[89] 他们使用了公司投入与产出的比值作为公司的产出效率指标，在研究公司治理与企业产出效率之间关系基础上，验证了外部市场竞争因素(产品市场竞争程度、外部收购和外部合作)的调节作用。

本书也使用生产规模与生产成本支出的比作为生产效率指标，而没有直接采用生产量或者生产规模，也没有将使用DEA计算出的全要素生产效率作为反映生产效率的指标。这样做的主要原因有两个：一是本书研究的对象包括制造、服务、房地产等多个不同行业的企业，对于不同行业的企业而言，生产量或生产规模所指代的内容并不具有可比性，而由DEA计算出的全要素生产效率一般用于利用企业不同的投入要素预测理想的产出效率，与本书研究高管股权激励和企业实际生产效率之间的关系的初衷并不相符，因此我们用生产规模与生产成本支出的比，也就是生产效率来代替；二是由于研究对象包括成熟企业和新创企业，企业的寿命以及发展阶段存在很大的差异性，随之而来的企业的生产规模的增长也存在很大的差异，这种差异可以看作是由发展阶段的不同造成的系统差异，因此为了避免这个因素对企业增长的影响，我们采取生产规模与生产成本支出的比值来反映企业的相对生产效率的成长。

3.2.2 雇员规模的增长性

雇员规模是指企业雇用员工的总人数。雇员规模的增长性是指不同时期企业雇用员工人数的增长幅度。雇员规模的增长不仅代表了企业雇用员工总人数的增长，也可以代表企业不同素质水平员工数量的增长情况。一般而言，企业的雇员可以分为低素质雇员和高素质雇员两类。低素质雇员是指技术水平比较低而且比较落后，知识水平低、知识结构老化，相对容易获得的员工。低素质雇员单位时间内为企业创造的价值要低些，被替换和被裁减的概率较高。而高素质雇员相对知识水平较高、知识更新较快、掌握的技术水平较高，精力和经验十足。高素质雇员单位时间内为企业创造的价值要高些，被替换和被裁减的可能性相对较小。另外，雇员的类型也可以按照其从事的工作类型进行划分，比如可以分为技术人员、管理人员、生产人员、后勤服务人员等。对于不同类型的企业而言，不同工作类型的雇员发挥的作用也有所不同。比如对于生产类企业而言，技术人员和生产人员所占据的地位就比较重要；而对于非生产类企业而言，服务人员和管理人员的作用就较为重要。因此，衡量不同类型的企业雇员规模及其增长性，也需要根据企业的类型来选取不同类型的雇员作为研究对象。雇员规模一般指公司公报中披露的员工人数，不包括高管人员、董事会人员和股东，仅指企业雇用的高级管理人员以下的人员总数。

3.2.3　销售收入的增长性

Morck、Shleifer 和 Vishny(1988)用市场表现代表企业的绩效，研究发现管理层持股水平与企业的绩效水平之间存在倒 U 形的曲线关系。[38]销售收入水平反映了企业在产品市场上的表现以及企业在产品市场竞争中所占据的地位，销售收入的增长性反映了企业在现有产品市场占据一定地位的基础上未来可能的发展趋势，它体现了企业生产的产品或提供的服务受市场认可的程度以及在同行业企业之间的竞争能力，它是企业市场价值的体现指标之一。针对不同行业，表现销售收入水平的财务指标不尽相同。比如，对于生产类企业而言，其销售收入是指其生产的成品或半成品销售后所获得的收入总额，而对于非生产类企业而言，其销售收入是指其提供的服务或销售的产品所获得的营业收入总额。

3.2.4　利润的增长性

利润的增长性是反映企业业绩增长的很重要指标，尤其是在高管持股与企业绩效增长之间关系的金融学文献中。[90] Berle 和 Means(1933)最早在企业高管持股与企业绩效成长的关系研究中，将资产收益率作为企业绩效的衡量指标，并发现了高管持股并没有很好地解决管理层与股东之间的委托代理问题。[41] Jensen 和 Meckling(1976)以企业的净收益率作为企业绩效的衡量指标，研究发现企业高管持股会导致企业绩效水平的提升。[2] Mehran (1995)指出高管的薪酬激励形式而不是水平会提高公司的价值，他认为基于高管权益的薪酬形式会促进公司绩效的提升。[3] 在有关企业成长的研究中，企业利润的增长性往往用资产收益率(ROA)指标来反映。[3]

3.3　高管股权激励对公司成长性直接影响的理论分析

3.3.1　高管股权激励对生产效率增长性的影响

萨缪尔森的西方经济学理论告诉我们，员工的薪酬因素与其对企业的生产和提供的服务所做出的贡献直接相关。他认为企业的产品和服务的价值来源于资本、劳动力、原材料和其他物质资源的整合的结果，同样的资本、原材料和其他物质资源的投入水平，劳动力的投入质量和数量不同也会导致不同的生产效率和生产绩效。Baek 和 Pagán(2002)在控制了公司的规模和行业的前提下，针对标准普尔(S&P)公布的 1 500 家 1992—1998 年间的公司高管薪酬数据，采用随机前沿模型估计了公司的高管薪酬与其生产效率之间的关系。结果发现，公司高管的总薪酬水平与公司的生产效率呈正显著关系，其中高管的年薪水平对其生产效率呈负向影响，而限制性股票期权和股票期权的价值也对公司生产效率呈负向影响；高管现金红利水平和拥有的股票增值权正向影响其生产效率。[91] Tian 和 Twite(2011)研究高管持股、公司的股权集中度、外部董事比例等内部治理因素与企业生产效率之间的关系时，发现了高管持股与公司生产效率之间的关系并不显著，但当企业不存在产品市场竞争时，高管持股显著正向影响公司的生产效率，外部收购和外部合作对公司高管持股与公司生产效率之间的关系均没有调节作用。[89] Fox 与 Smeets(2011)认为影响企业生产效率的因素包括高管人员的胜任能力、经济激励和企业采取的经营战略等,任何一个企业均可以通过购买高水平的机器设备或通过高待遇雇用高水平的员工来提高企业生产投入要素的质量。[92] 现有很多研究对员工人数与公司产出之间的关系进行分析,即比较员工工资与公司产出效率之间的影响系数。[93] Haltiwanger 等人(2008)探索了员工能力与企业生产效率之间的关系,发现员工能力与企业生产效率之间呈正向关系。[94] 因此,我们得出,企业为员工支付的工资水平与企业的生产效率提升程度存在一定的关系。高管作为企业员工中的一员不仅具有一般员工的特征,同时扮演着企业的决策者的角色,当企业对高管人员实施股权激励时,高管人员同时又扮演了股东的角色,此时对短期利益和长远利益的追求均成了高管人员的使命,尤其是有重点地发展对企业未来有利的经营举措以获得更高的未来期望收益。因此,对于高管而言,高管股权激励的当前价值要求其会谨慎地控制企业的成本支出,以确保企业的短期收益水平不会大幅下滑,因此,即使清楚雇用高水平的员工会带来企业生产效率的提升,高管也会控制其员工支出成本。而从长远来看,高管会通过逐步提升企业员工的能力水平以提高企业的整体生产效率,因此需要加大雇用成本的投入。

假设 3.1.1:高管股权激励的当前价值会抑制企业生产效率的提升。

假设 3.1.2:高管股权激励的预期价值会促进企业生产效率的提升。

假设 3.1.3:高管股权激励的总价值会促进企业生产效率的提升。

3.3.2 高管股权激励对雇员规模增长性的影响

根据委托代理理论,高管股权激励会激励高管做出以提高企业绩效为最终目标的各种决策,于是企业绩效的增长成为高管人员追求的主要目标。在较早的研究中,研究者往往以企业员工规模和资产规模增长作为企业规模增长的指标,也就是企业成长的指标,来衡量企业内部的不同要素如何促进企业的成长。Kroll、Simmons 和 Wright(1991)认为公司的高管对公司规模的追求远比对公司绩效的追求意愿大,因为,公司规模的扩张会给股东带来更大的效益,因此会给高管带来更高的补偿。[95] Kostiuk(1990)提出随着公司规模的扩大,组织的活动复杂性会提高,公司经营需要的人力资本数量增加,质量提高,行政层级也会增加,因此,需要给高管支付更高的"规模附加费"。[96]

持有公司股票或者股权的高管在明确的目标指引下,会探索不同的方式促进企业的成长,比如拓展企业经营区域、锁定新的目标市场或顾客群、开发新的产品、增加新的服务、兼并或并购其他企业,这些探索行为往往会带来公司雇员规模的变化。显而易见,大多数公司的兼并或并购行为会直接导致公司的经营规模和人员规模的扩张。开发新的产品,也会促进公司的产品线创新和过程创新的增加,因而导致技术和生产人员规模的增加。[97]

根据本书的研究,高管股权激励水平包含股权激励的当前价值、预期价值和总价值三个方面的指标。高管人员为确保股权激励所带来的短期价值即当前价值不受损,会尽量减少公司的成本支付,包括人力成本的支付。但从长期来看,要想获得更高的预期价值和总价值,需要提高公司的人力资本质量并增加公司的人力资本数量,以此获得竞争能力的提升,从而提高自身的股权收益。因此,对于一般公司而言,高管股权激励有助于公司高管从长远利益出发,不断地扩充人员的规模,提升人员的能力,进而提升企业的核心竞争力。但从短期经营出发,高管人员会顾及企业短期收益水平的稳定性,不会迅速加大雇员成本投入的力度。

假设3.2.1:高管股权激励的当前价值不会导致企业雇员规模的增长。

假设3.2.2:高管股权激励的预期价值会带来企业雇员规模的增长。

假设3.2.3:高管股权激励的总价值会促进企业雇员规模的增长。

3.3.3 高管股权激励对销售收入增长性的影响

Homburg等人(2009)提出高管薪酬激励会促使高管使行人力资本的累积以实现公司绩效的提升,高管薪酬激励有助于提升员工的工作满意度,从而提高公司的市场绩效。[98] Mithas等人(2005)研究发现对高管实施长期的股权激励薪酬有利于公司顾客满意度的提升，而公司顾客满意度的提升有利于公司的销售收入水平的提高和股东价值的提升。[99]改善内部成员关系和顾客关系是使企业持续、健康和长期发展的重要因素，它涉及多个部门配合、各个层面的人员发挥作用、齐心协力完成任务，同时需要企业从长计议，从长远利益出发，有部署有计划地逐步实施，因此，对于企业而言，短期内无法实现这个目标。高管持股的当前价值往往需要高管确保企业短期利益不受损，因此，短期内无法实现销售收入的提升。而从长期来看，维护好企业内员工之间的关系以及与顾客的良好关系是高管长期的经营目标之一，因为只有这样企业才能实现长期销售收入的提高。因此，有以下假设：

假设 3.3.1：高管股权激励的当前价值与企业销售收入的增长负相关。

假设 3.3.2：高管股权激励的预期价值与企业销售收入的增长正相关。

假设 3.3.3：高管股权激励的总价值与企业销售收入的增长正相关。

3.3.4　高管股权激励对利润增长性的影响

Berle 和 Means(1933)认为高管人员持股水平与企业资产收益率水平成反比，当高管持股水平较低时，公司的资产更倾向于用于有利于高管人员利益而不是股东利益的方面。[41]高管人员利益包括逃避责任，获得额外津贴，追求与企业价值最大化无关的经营目标(如销售收入的增长、建立帝国式建筑和为员工发放福利)。由此，会导致企业资产收益率的下降。Jensen 和 Meckling(1976)的研究表明，从长期来看，随着企业高管持有股权比重的加大，高管人员将会为公司的成本支出承担更大的比例，因此高管人员就会降低对公司成本的浪费，这将会带来公司绩效水平的提升。[2] Balachandran 等人(2010,2012)的研究表明，高管持股水平越高，越会激励高管人员对企业的成本加强控制，从而导致企业整体成本下降。高管股权的当前价值与被授予当年公司的股票价格有关，而与企业短期的利润水平没有直接的联系。[100-101]而从长期来看，高管持股与企业利润增加之间的关系取决于利润的直接决定因素，根据最基本的会计学常识，企业利润是由企业获得的销售收入与支付的成本之间的差额决定的，因此利润与收入和成本两个因素直接相关。从上面的研究可以得出，高管持股与企业销售收入的增长呈正相关性，与企业成本控制呈负相关性，也就是说，高管持股水平越高，企业的销售收入水平越高，成本水平越低，利润水平越高，因此，从长期来看高管持股与企业的净收益增长呈正相关性。高管持股的预期价值，就代表了高管持有股权未来长期的价值水平，因此，高管持股的预期价值与企业的利润增长呈正相关性。高管持股的总价值水平是预期价值与当前价值的比值，代表预期价值超出当前价值的部分，与企业未来长期发展状况紧密相关，因此，对企业的未来利润增长的影响与预期价值的影响呈相同方向。

假设 3.4.1：高管股权激励的当前价值与企业的利润增长负相关。

假设 3.4.2：高管股权激励的预期价值与企业的利润增长正相关。

假设 3.4.3：高管股权激励的总价值与企业的利润增长正相关。

3.4　高管股权激励对公司成长性直接影响的实证分析

3.4.1　样本选择与数据来源

本书选取了在 2006 年 1 月 1 日到 2012 年 12 月 31 日之间我国 A 股上市公司宣布实施高管股权激励计划的公司作为样本，并按照以下原则进行了样本的筛选：(1)剔除了金融保险类公司，金融保险类公司所适用的会计准则和会计核算方法与其他的上市公司有所不同，为保证数据的可比性，将此类公司剔除；(2)剔除了 2006 年到 2012 年数据不完整或有缺失的公司，由于数据不全会造成数据处理的误差，影响实证检验结果的准确性，因此，剔除数据不完整或有缺失的公司；(3)剔除了在 2006 年 1 月 1 日到 2012 年 12 月 31 日期间出现 ST、PT 等重大事件的公司，为避免公司发生 ST、PT 等重大战略重组事项对公司绩效的巨大影响，所以剔除掉发生 ST、PT 巨大震动的公司。

表 3-1　中国上市公司实施高管股权激励薪酬样本

	2006 年	2007 年	2008 年	2009 年	2010 年	2011 年	2012 年	总 计
初始样本数	34	17	45	29	67	59	72	323
金融类公司	1	1	0	1	0	0	0	3
数据有缺失	1	1	3	5	5	2	6	23
发生 ST/PT	0	1	2	0	2	1	0	6
最终样本数	32	14	40	23	60	56	66	291

本书最终得到样本公司 291 家，横跨证监会规定包括的 18 个二级行业，时间跨度为 7 年，所获得的数据来自于国泰安数据库、锐思数据库和上市公司年报。

3.4.2　变量定义与实证模型设计

3.4.2.1　变量定义

公司成长性，是指公司成长的最终结果而不是成长的过程或者方式，因此成长可以表现在最主要的“量”和“质”方面，因此，公司成长性一般包括生产规模的增长、人员规模的增长、市场规模的增长和利润的增长四个方面。生产规模是根据不同行业企业的实际情况选择最接近反映其生产规模变化情况的指标，根据国泰安数据库和锐思数据库中证监会进行的行业划分标准，对于工业企业、房地产企业，用主营业务收入变化率来反映其生产规模的变化情况，而其他行业均用营运现金的变化率反映生产规模的变化情况[102]；人员规模增长率用职工人数增长率指标来代表；市场规模的增长率用主营业务收入增长率或者销售增长率来代表[103]；利润用 *ROA* 来代表。[104]

高管股权激励，是指公司对高管人员实施授予股票或者股票期权的水平，本书使用高管股权激励的总价值、当前价值和预期价值三个指标。当前价值用高管持有股权数乘以公司当年末的股票价格表示，预期价值是将未来股票的可能走势考虑在内，预计未来一定时期内高管持有的股权可能的价值[9]。在预期价值的计算中，需要考虑股票未来可能的走势，未来的走势一般用研究期限（一般是5—10年）内公司股票所在股市的综合指数的总体走势表示，因此在本书中我们考虑了从2006年1月1日到2012年12月31日上证和深证两股市的平均上升幅度，上证综合指数的上升幅度为-0.08%，深证成分指数上升的幅度为246.7%，两股市的平均上升幅度为123.3%。预期价值的计算公式如表3-2所示。

已有研究表明：影响公司生产效率增长的主要因素包括行业、成立时间、公司所在地区、公司规模和公司绩效；影响公司雇员规模增长的因素包括行业、成立时间、公司规模和公司绩效；影响销售收入增长的因素包括公司规模、公司绩效和行业；影响公司利润增长的因素包括公司规模、行业、成立时间、现金持有水平、负债水平和独立董事比例。各模型中的控制变量以及来源如表3-2所示。本书中，行业的划分按照锐思数据库中对上市公司所在行业的划分标准，选择证监会行业分类2012年版的标准进行；根据王志平等人（2010）的研究，把来自我国30个省、自治区和直辖市（其中重庆市纳入四川省）上市公司所在地区分为东部地区、中部地区和西部地区，具体划分方法详见王志平（2010）。[111]

表3-2　变量定义表

变量名称	变量符号	变量说明	文献依据
被解释变量			
生产效率增长率	*PROG*	年均主营业务收入/总成本的变化率	Pandit, et al, 2011[102]
雇员规模增长率	*EMPC*	年均人员数量变化率	Jermann, et al, 2007[97]
销售收入增长率	*SALG*	年均销售收入变化率	Demirel, et al, 2012[103]
利润增长率	*ROAG*	年均资产净收益率增长率	Sougiannis, 1994[104]

续表

变量名称	变量符号	变量说明	文献依据
解释变量			
高管股权激励的当前价值	*CW*	高管持股数×当年末股价	Devers, et al, 2008[70]
高管股权激励的预期价值	*PW*	高管持股数×[(1.233^y×持股当年股价)-持股当年股价]	Martin, et al, 2013[9]
高管股权激励的总价值	*TW*	*PW/CW*	Bettis, et al, 2010[17]
控制变量			
公司规模	*SIZE*	lg(公司总资产)	Okamuro, Zhang, 2006[105]
公司绩效	*ROA*	实施股权激励前三年总资产收益率均值	徐宁, 2013[106]
行业	*IND*	属于某行业为1,否则为0	Bartelsman, Doms, 2000[107]
公司所在地区	*BEG*	属于某地区为1,否则为0	Battese, 1995[108]
现金持有水平	*CASH*	营运现金/总资产	Hanlon, et al, 2003[112]
负债水平	*LEV*	总负债额/总资产额	Steensma, Corley, 2001[109]
独立董事比例	*OUTS*	独立董事人数占董事会人数的比例	Wu ,Tu, 2007[117]
成立时间	*AGE*	公司成立的年数	Mansury, 2008[110]

3.4.2.2 建立模型

根据前面所提出的假设,构建模型如下。其中模型(3-1)①用来衡量高管

① 模型(3-1)表示包含模型(3-1a)、模型(3-1b)、模型(3-1c),以后各章相似的表示,表达的含义相同。

股权激励对公司生产效率增长的影响作用，模型（3－1a）、模型（3－1b）和模型（3－1c）分别衡量高管股权激励的当前价值、预期价值和总价值对公司生产效率增长的影响；模型（3－2）用来衡量高管股权激励对公司雇员数量增长的影响作用，模型（3－2a）、模型（3－2b）和模型（3－2c）分别衡量高管股权激励的当前价值、预期价值和总价值对公司雇员数量增长的影响；模型（3－3）用来衡量高管股权激励对公司销售收入增长的影响作用，模型（3－3a）、模型（3－3b）和模型（3－3c）分别衡量高管股权激励的当前价值、预期价值和总价值对公司销售收入增长的影响；模型（3－4）用来衡量高管股权激励对公司利润增长的影响作用，模型（3－4a）、模型（3－4b）和模型（3－4c）分别衡量高管股权激励的当前价值、预期价值和总价值对公司利润增长的影响。

$$PROG=\alpha_0+\alpha_1 CW+\alpha_2 SIZE+\alpha_3 ROA+\alpha_4 IND+\alpha_5 AGE+\alpha_6 BEG+\varepsilon \tag{3-1a}$$

$$PROG=\alpha_0+\alpha_1 PW+\alpha_2 SIZE+\alpha_3 ROA+\alpha_4 IND+\alpha_5 AGE+\alpha_6 BEG+\varepsilon \tag{3-1b}$$

$$PROG=\alpha_0+\alpha_1 TW+\alpha_2 SIZE+\alpha_3 ROA+\alpha_4 IND+\alpha_5 AGE+\alpha_6 BEG+\varepsilon \tag{3-1c}$$

$$EMPG=\alpha_0+\alpha_1 CW+\alpha_2 SIZE+\alpha_3 ROA+\alpha_4 IND+\alpha_5 AGE+\varepsilon \tag{3-2a}$$

$$EMPG=\alpha_0+\alpha_1 PW+\alpha_2 SIZE+\alpha_3 ROA+\alpha_4 IND+\alpha_5 AGE+\varepsilon \tag{3-2b}$$

$$EMPG=\alpha_0+\alpha_1 TW+\alpha_2 SIZE+\alpha_3 ROA+\alpha_4 IND+\alpha_5 AGE+\varepsilon \tag{3-2c}$$

$$SALG=\alpha_0+\alpha_1 CW+\alpha_2 SIZE+\alpha_3 ROA+\alpha_4 IND+\varepsilon \tag{3-3a}$$

$$SALG=\alpha_0+\alpha_1 PW+\alpha_2 SIZE+\alpha_3 ROA+\alpha_4 IND+\varepsilon \tag{3-3b}$$

$$SALG=\alpha_0+\alpha_1 TW+\alpha_2 SIZE+\alpha_3 ROA+\alpha_4 IND+\varepsilon \tag{3-3c}$$

$$ROAG=\alpha_0+\alpha_1 CW+\alpha_2 SIZE+\alpha_3 IND+\alpha_4 AGE+\alpha_5 CASH+\alpha_6 LEV+\alpha_7 OUTS+\varepsilon \tag{3-4a}$$

$$ROAG=\alpha_0+\alpha_1 PW+\alpha_2 SIZE+\alpha_3 IND+\alpha_4 AGE+\alpha_5 CASH+\alpha_6 LEV+\alpha_7 OUTS+\varepsilon \tag{3-4b}$$

$$ROAG=\alpha_0+\alpha_1 TW+\alpha_2 SIZE+\alpha_3 IND+\alpha_4 AGE+\alpha_5 CASH+\alpha_6 LEV+\alpha_7 OUTS+\varepsilon \tag{3-4c}$$

3.4.3 实证检验结果与分析

3.4.3.1 描述性统计分析

首先，对变量进行描述性统计，见表 3 - 3。从表 3 - 3 中可以看出：(1)高管股权激励的当前价值(*CW*)、预期价值(*PW*)、总价值(*TW*)的最大值和最小值分别为 10 387.5、8.68×10^{-10}，5 144.85、8.09×10^{-11}，257.36、0.05，存在较大的差异。(2)公司的生产效率增长率(*PROG*)、雇员规模增长率(*EMPG*)、销售收入增长率(*SALG*)和利润增长率(*ROAG*)的最大值和最小值分别为 42.66、0.44，110.03、-53.32，101.07、-245.58，7.86、-38.39，存在较大的差异。(3)所选择的各控制变量数值存在明显差异，证明了考察这些变量作为控制变量的必要性。

表 3 - 3 变量的描述性统计分析结果

	样本数	最小值	最大值	平均值	标准差
CW	291	8.68×10^{-10}	10 387.5	1.072×10^{-9}	5.909×10^{-9}
PW	291	8.09×10^{-11}	5 144.85	2.694×10^{-10}	1.021×10^{-11}
TW	291	0.05	257.36	0.6404	101.26
PROG	291	0.44	42.66	2.289	3.735
EMPG	291	-53.32	110.03	2.677	18.215
SALG	291	-245.58	101.07	-0.3736	18.215
ROAG	291	-38.39	7.86	0.5082	2.846
SIZE	291	19.80	26.96	21.816	1.206
ROA	291	-14.54	41.01	6.803	9.550
OUTS	291	0.11	100	15.879	19.517
AGE	291	6	64	17.454	6.508
BEG	291	1	3	1.275	0.557
CASH	291	-0.004	19.82	4.28	5.678
LEV	291	-0.15	0.84	0.390	0.199
Valid	291	—	—	—	—

3.4.3.2　相关性分析

表3－4为全样本Pearson相关系数分析结果。从中看出，上市公司高管股权激励的当前价值（*CW*）、预期价值（*PW*）、总价值（*TW*）与销售收入增长和利润增长均在0.1以上水平显著相关，当前价值分别与两个成长变量负相关，预期价值和总价值均为正相关，假设3.3.1—3.3.3和3.4.1—3.4.3均得到支持。*CW*、*PW*和*TW*与生产效率增长和雇员规模增长不显著，因此，假设3.2.1—3.2.3未得到支持。所有控制变量与公司的生产效率增长、雇员规模增长、销售收入增长和利润增长四个因变量都呈现出0.05以上的显著相关，说明控制变量的引入是合适的。同时，自变量与因变量之间也存在相关关系，且各个自变量之间也显著相关，这是否会导致多重共线性的存在，如果存在，消除多重共线性后，自变量对因变量的影响关系是否仍然存在，有待于接下来的检验。

3.4.3.3　回归分析

从表3－5高管股权激励对公司成长性的回归分析结果可以看出，首先检验各方程中自变量之间的多重共线性*VIF*值均在5以内，因此说明其多重共线性程度可以接受。模型（3－1a）至模型（3－1c）和模型（3－2a）至模型（3－2c）分别验证了高管股权激励的当前价值（*CW*）、预期价值（*PW*）和总价值（*TW*）对公司生产效率增长率（*PROG*）和雇员规模增长率（*EMPG*）的影响不显著，假设3.1.1—3.1.3和假设3.2.1—3.2.3均未得到验证。模型（3－3a）至模型（3－3c）和模型（3－4a）至模型（3－4c）分别验证了高管股权激励的当前价值（*CW*）、预期价值（*PW*）和总价值（*TW*）对公司销售收入增长率（*SALG*）和利润增长率（*ROAG*）的影响显著，假设3.3.1—3.3.3和假设3.4.1—3.4.3得到验证。

表 3－4 Pearson 相关系数分析

	PROG	*EMPG*	*SALG*	*ROAG*	*CW*	*PW*	*TW*	*SIZE*	*ROA*	*LEV*	*CASH*	*OUTS*	*AGE*	*BEG*
PROG	1													
EMPG	−0.063*	1												
SALG	0.013*	0.016*	1											
ROAG	0.135**	0.068**	0.004**	1										
CW	−0.21	−0.017	−0.008*	−0.203*	1									
PW	0.072	0.03	0.061**	0.089**	0.12*	1								
TW	0.17	0.021	0.303**	0.218**	0.516**	0.423**	1							
SIZE	0.412**	0.23**	0.51**	0.24**	0.021*	0.025**	0.178**	1						
ROA	0.32**	−0.181*	0.272**	—	0.11*	0.05**	0.21**	0.035*	1					
LEV	—	—	—	−0.002*	0.054*	−0.047**	0.068**	0.118*	−0.157*	1				
CASH	—	—	—	0.002	−0.011	0.010	0.031	−0.045	−0.30	−0.017	1			
OUTS	—	—	—	−0.030*	−0.082*	0.102**	−0.211**	−0.504**	−0.124*	0.091*	0.136*	1		
AGE	0.072**	−0.138**	—	0.044*	0.023**	−0.039**	0.054*	0.155**	0.053*	0.085*	−0.080**	0.112*	1	
BEG	−0.042**	—	—	—	−0.008*	0.024**	−0.010*	0.170**	−0.053**	0.035*	−0.018*	−0.059**	0.121*	1

注：*** 代表在 0.01 水平上显著，** 代表在 0.05 水平上显著，* 代表在 0.1 水平上显著

表 3-5　高管股权激励对公司成长性的回归分析

	模型 (3-1a)	模型 (3-1b)	模型 (3-1c)	模型 (3-2a)	模型 (3-2b)	模型 (3-2c)	模型 (3-3a)	模型 (3-3b)	模型 (3-3c)	模型 (3-4a)	模型 (3-4b)	模型 (3-4c)
常量	0.102*	0.175*	0.125*	0.135*	0.133*	0.122*	0.102*	0.146*	0.125*	0.143*	0.176*	0.126*
CW	-0.153	—	—	-0.210	—	—	-0.120**	—	—	-0.098*	—	—
PW	—	0.002	—	—	0.001	—	—	0.001*	—	—	0.001*	—
TW	—	—	0.023	—	—	0.141	—	—	0.421**	—	—	0.153**
SIZE	0.202**	0.01*	0.060*	0.001*	0.002*	0.001*	0.001*	0.003*	0.231*	0.135*	0.078*	0.342*
ROA	0.121*	0.15*	0.101*	-0.020*	-0.01*	-0.021*	0.024*	0.003*	0.052*	—	—	—
LEV	—	—	—	—	—	—	—	—	—	-0.062*	-0.075*	-0.067*
AGE	0.029*	0.032**	0.030**	-0.030*	-0.131*	-0.431*	—	—	—	0.032*	0.125*	0.237*
OUTS	—	—	—	—	—	—	—	—	—	-0.027*	-0.018**	0.025**
CASH	—	—	—	—	—	—	—	—	—	0.030*	0.006*	0.052*
BEG	-0.029***	-0.025**	-0.124**	—	—	—	—	—	—	—	—	—
IND	控制	控制	控制	控制	控制	控制	控制	控制	控制	控制	控制	控制
$Adj-R^2$	0.129***	0.132***	0.272***	0.135***	0.155***	0.158***	0.129**	0.104**	0.134***	0.214***	0.132**	0.108**

注：*** 代表在 0.01 水平上显著，** 代表在 0.05 水平上显著，* 代表在 0.1 水平上显著

3.5 结果讨论

高管股权激励水平的当前价值、预期价值和总价值三个变量对公司生产效率增长率(*PROG*)和雇员规模增长率(*EMPG*)的影响不显著,假设3.1.1—3.1.3和假设3.2.1—3.2.3均未得到验证。高管股权激励的三个变量对公司销售收入增长率(*SALG*)和利润增长率(*ROAG*)的影响显著,假设3.3.1—3.3.3和假设3.4.1—3.4.3得到验证。本书的研究结果表明:当高管人员考虑所获得的股权水平对自身短期利益的影响时,也就是考虑高管股权激励的当前价值时,会导致公司销售收入和利润的增长水平下降;当高管人员考虑所获得的股权水平对自身长期利益的影响时,也就是考虑高管股权激励的预期价值时,会导致公司销售收入和利润的增长水平上升;当高管人员综合考虑所获得的股权水平对自身利益的整体影响时,也就是考虑高管股权激励的总价值时,会导致公司销售收入和利润的增长水平的上升。最终的结论就是,高管股权激励水平的总价值对公司的市场销售绩效和财务利润绩效的增长具有显著的正向影响,这与Hanlon等人(2003)和Das等人(2011)的研究结果吻合。[112-113] Hanlon等人(2003)以美国1992年到2000年之间实施高管股权激励的2 617家企业为研究样本,利用前人研究企业研发投入与生产效率的关系时提出的产出模型,探讨高管股权薪酬方式对企业的运营收入的影响,结果发现对高管实施股权激励的价值每增加1美元,企业的运营收入增加3.71美元。[112] Das等人(2011)研究发现,对公司高管实施股权激励有利于促进公司绩效的平滑增长。公司的现金收入的剧烈变化不利于公司高管收入的提高,因为现金收入的剧烈变化会造成高管承受更多的被诉讼和声誉受损的风险,从而造成高管经营成本的上升,因此,高管人员为确保其自身收益不受损,会努力确保公司收益的平稳变动。同时,他们指出公司规模越大,高管人员的红利收益随企业绩效提高的趋势越明显。[113]

本章得出的高管股权激励水平的总价值对企业销售收入和利润增长具

有正向的影响作用的结论具有明确的现实意义。主要体现在以下几个方面:第一,深入分析了高管股权激励水平的构成,提出了高管股权激励总价值的概念,揭示了高管人员是通过衡量高管股权激励当前价值与预期价值的相对价值来估计其持有股权的总价值的原理,并在此基础上,发现了高管股权激励总价值对公司成长性的影响。第二,肯定了高管股权激励措施对企业销售收入和利润增长的积极影响作用,使企业管理者更加明确对高管人员实施股权激励措施的重要意义。第三,从企业成长角度看,高管股权激励是促进企业成长的有效手段,使企业管理者有效地促进企业的成长。第四,对于股票市场的投资者而言,明确上市公司高管股权激励对公司成长的积极影响可以为其进行有效投资提供决策的依据,进而提高其投资回报水平。因此本结论可以为股票市场上的广大投资者提供决策的依据。

高管股权激励对雇员规模增长和生产效率增长的影响不显著,主要的原因如下:第一,高管股权激励对企业雇员规模增长的影响,尤其是本书所考察的企业三年内的员工人数增长情况,属于企业中短期的员工人员增长特征,主要来源于企业短期的发展所需,二者的这种短期关系主要以比较注重企业研发或技术投入的具有生产职能的制造类企业或高技术企业的现象比较明显,在这两类公司中股权激励会激励高管人员加强对技术人才或者核心竞争人员的吸引和储备,构建企业的竞争优势。但本书所选择的研究样本中包括了证监会所规定的18个二类行业,其中制造业和高新技术企业只占到一半左右。因此,高管股权激励对企业员工人数变化的影响不显著。[114]第二,由于本书样本中并没有进行生产类与非生产类企业的细分,所研究的是不同类别企业的普遍问题,因此对于生产效率所取用的只是一般的意义,也就是说无论服务类企业还是生产类企业,都把它们假设为具有生产职能的组织,并以企业的主营业务收入水平反映企业的生产能力,用主营业务收入提高的水平反映生产效率提升的程度,并探寻高管股权激励对生产效率增长的影响作用,影响作用并不明显。有研究显示,高管股权激励对生产制造类企业长期生产效率的提升具有影响作用。[115]

3.6 本章小结

本章以高管股权激励水平对公司成长性的影响作为研究对象，针对我国上市公司 2006 年到 2012 年的公司数据，采取规范分析、描述性统计分析、相关系数分析和回归分析等方法，构建了高管股权激励对公司成长性的直接影响模型，最终得出高管股权激励的当前价值、预期价值与总价值对公司的销售收入增长和利润增长具有显著的影响作用，而对生产效率增长和雇员规模的增长不具有显著的影响作用。

第4章　技术创新投入在高管股权激励对公司成长性影响中的中介作用

关于高管股权激励影响公司成长性的研究可以分为直接关系研究和间接关系研究。所谓直接关系就是指高管股权激励直接作用于公司成长性，间接关系是指高管股权激励通过某种中间路径作用于公司成长性。现有的关于高管股权激励影响公司成长性的研究中，主要集中在直接关系的研究，对间接关系的研究较少。本书第3章对二者的直接关系进行了探究，以下的第4章、第5章和第6章主要探究高管股权激励对公司成长性的内在影响机理。

技术创新作为企业发展的重要动力之一，对公司成长性具有一定的促进作用，已经被很多学者验证。而从某个角度来看，高管股权激励对公司的技术创新投入也具有一定的影响作用。本章试图探究技术创新投入作为公司高管股权激励影响公司成长性的中介作用。

4.1　技术创新与技术创新投入的定义

4.1.1　技术创新

“创新”来源于现代创新经济学代表人物熊彼特。最早“创新”指代一种生产要素的全新组合，就是将不同的生产要素进行重新组合引入到不同的生产体系中。熊彼特认为企业家的灵魂就是创造新组合，即创新，只有这样企业才能创造新的利润，进而实现经济的发展。不同的创新形式会带来经济的不同发展,熊彼特具体地提出了五种不同的创新形式:一是开发新产品,二是采用新的制造方法,三是开辟新的市场,四是引用全新的原材料、资源或者半成品,五是创造新的组织形态。这五种不同的创新形式归纳起来,可得出三种不同的创新方式:技术创新、市场创新和组织创新。

著名的经济学家弗里德曼认为技术创新不同于发明,它是技术的首次采用。萨缪尔森则认为技术创新是指以新颖的构思和成功的实现为标志特征的非连续性事件。Rennings(2000)指出技术创新是一种可持续的行为,即强调技术创新往往不只是技术的问题,如果只强调技术,则会造成“技术偏差”,技术创新本身应背负生态以及社会的可持续发展的责任。即有些技术创新过程是以破坏生态环境为代价最终得到创新成果的,有些是技术创新成果在应用的过程中牺牲了社会环境。这些问题属于技术创新管理的问题,有人认为其不能等同于技术创新。[116]

综合上面的定义,我们得出技术创新通常具有两个特征:一是新颖性,即技术创新首先是产生了不同以往的创新性的技术成果;二是商业性,即技术创新的成果一定要经过市场的转化,创造出能够在市场交易的新产品、新服务或新系统、新过程。

4.1.2 技术创新投入

技术创新投入是技术创新过程的开端和首要环节。技术创新整个过程包括研究开发投入过程,建立新的生产要素、组织要素的组合以建立高效的生产经营系统,以及技术创新在不同单位间的扩散过程,最后是技术创新成果产出和市场应用过程。技术创新投入是以资金投入、技术引进或建立新的研发团队等形式对企业开发新产品、开辟新市场进行的事先准备和投入。投入的资金的数量或投入的技术水平的高低以及技术创新的方向直接决定着企业后续的技术创新过程能否取得成功。技术创新投入决策往往与企业具备的技术创新条件和管理层是否拥有技术创新动机有关。

4.2 技术创新投入中介作用的理论分析

4.2.1 高管股权激励与技术创新投入

关于高管股权激励与技术创新之间的关系研究，一般是在两种基本的理论假说基础上开展的，一种是代理理论假说，一种是管理层寻租理论假说。代理理论假说认为，高管激励是解决代理问题的有效手段，高管激励力度（如高管持股比例）的加大会降低委托人与代理人之间的代理成本。管理层寻租理论假说认为，由于高管大权在握，高管激励力度（如高管持股比例）的加大反而会增强高管抵制外部压力的能力，从而成为代理问题的来源。在代理理论假说的基础上开展的研究，一般认为高管股权激励会促进高管加大技术创新投入的力度，提高企业技术创新的水平。而在管理层寻租理论假说基础上，得出的结论正好相反。

Wu（2007）针对美国制造业 184 家公司，研究其高管股权激励对技术创新投入的影响时发现，高管股权激励正向影响企业的技术创新投入水平。他用 R&D 支出水平与企业销售收入的比值代表技术创新投入，用高管人员持有股票占年度总薪酬的比例代表高管股权激励水平。Wu（2007）认为高管持有公司股权会使得高管人员保持住自身在公司的投票权的动机，会促使高管人员通过技术创新投入促进企业的业绩的提高。[117] Zhang 等人（2011）采用了中国上市公司的数据，研究发展中国家处在经济转型期下的规律，研究结果表明高管股权激励水平正向影响企业的技术创新投入水平。[118]

管理层寻租理论假说认为，随着高管股权激励力度的加大，其享有私人收益而不是追求企业收益的动机会加大，尤其在一些特殊的情境下这种动机会更加明显。Dechow（2000）认为，当高管考虑到自身职业的稳定性和安全性时，会出现确保稳定的绩效奖励的动机，因此会降低技术创新的动机，减少企业的技术创新投入。[119] Kothari 等人（2002）的研究表明，由技术创新投入项目本身的高信息不对称和未来收益的不确定性，导致高管尽量减弱技术创新投入的力度，尤其是那些具有一定风险的投资项目。[120]

当然，也有些学者认为高管股权激励具有明显的双重效应，即在不同的情况下和不同阶段两种影响结果同时存在，这就造成了高管股权激励与技术创新之间出现了非线性关系。徐宁和徐向艺（2012）以中国上市的高科技企业为研究对象，综合考量了技术创新投入的投资强度、投入人员、专利数量等指标后，发现高管股权激励对技术创新投入、产出和转化等能力存在倒U形的影响。[121]

代理理论和管理层寻租理论对高管股权激励作用的不同结论主要是由两个理论对高管风险行为的不同方向的影响造成的。这可以用古典代理理论和行为代理理论解释。古典代理理论认为对高管实施股权激励会鼓励其采取冒风险的行为，因为风险和收益成正比，因此高管倾向于通过冒风险获得更大的企业收益进而获得更高的自身收益；而行为代理理论认为股权激励会促使高管由于考虑到可能的损失而采取风险规避行为。两个理论之间的矛盾就造成了股权激励对高管风险行为相悖的影响。技术创新一直被看作是一种存在一定的风险的投资行为。这种风险行为受到股权激励的影响作用也会因为以上两个理论而呈现出冲突的结果。这主要是由于高管对股权价值感知结果影响其风险态度。高管对股权价值的感知包括预期价值和当前价值两种。预期价值是指股票未来潜在上升的价值，即股权价值高于当前现金价值的部分；当前价值是指在股权授予期当年股权的现金价值。古典代理理论认为公司股票的价格会随公司市场价值而上升的可能会促使高管通过采取战略行为来提高公司的价值。股票期权是公司授予高管或员工以一定的价格在未来的某段时期内购买一定数量公司股票的权利。股票期权的运行期包括行使购买权将股票收归自己囊中的转归期和可以将股票卖出的行权期，这两部分通常需要10年时间。在这期间，股票的价格可能会高于购买股票时的价格。提高的部分就是股票的超值收益。高管可以通过战略行为影响公司股票价格而实现个人利益的提高。股票期权不需要初始投资而且对股价的变化负完全的责任而使得股权具有有限的下行风险和无限的上行风险。[12]也就是说股票价格上升的空间是无限的,而下降的空间是有限的,因此,对于高管而言,这种未来预期风险的不对称性会鼓励其采取冒风险的行为。另外,从风险与收益成正比的角度看,高管更乐于通过冒风险而获得更高的企业收益,进而提高自身的收益。因此,高管更倾向于冒风险的行为。对于技术创新投入这种风险行为,高管更乐于采取积极的态度。因此,有以下假设:

假设4.1.1:高管股权的预期价值对公司技术创新投入呈正向影响。

与股权的预期价值相比,股权当前价值代表购买股票时的股票现金价值。行为代理理论认为,高管的风险行为会影响公司的股票价格进而降低股票的价值。[9]因此,高管的行为会围绕两个目的展开:一是保护好股票的当前价值,二是试图增加股票的价值。行为代理理论认为相比冒风险而言,人们更害怕损失,因为他们认为价值的损失比有可能获得收益提升更应该得到决策者的重视,也就是说决策者的首要任务是确保公司价值免受损失,其次再追求收益的提升。因此,为了确保公司价值保值或者增值,高管更乐于采取风险规避态度。技术创新由于需要前期投入,经过一段时间才能转化为实际的产出,产出能否有效地收回成本或者实现价值增值存在着一定的不确定性,这种风险是企业进行技术创新投入时需要面对的。也就是说,技术创新是一种风险行为。因此,高管对这种风险行为更倾向于规避。

假设4.1.2:高管股权的当前价值对公司技术创新投入呈负向影响。

有研究表明股权激励方案直接影响管理人员的投资决策态度,尤其是风险性投入的态度。[122]Ryan 和 Wiggins(2002)指出企业业绩的增长水平与股票期权等激励措施的使用具有正相关关系,即股票期权有利于促进企业投资水平的提高,而限制性股票则对企业的研发投入具有负向影响作用。[123]Coles 等人(2006)也试图寻找高管激励对投资与负债决策和公司风险决策之间的关系,结果发现高管人员的个人财富随公司股票价格波动越灵敏,高管人员越倾向做出风险较高的决策,比如研发投资,而不是实物投资。[124]Kang 等人(2006)通过研究也发现,在控制企业的融资能力和投资选择机会均等的情况下,高管股权激励在总薪酬中的比重正向影响企业的长期投资水平。[125]

高管股权激励的总价值作为综合反映高管股权激励措施的综合指标，代表高管人员对股权激励的预期价值与当前价值比较的结果，也就是当高管面临股权激励的预期价值水平的收益时，愿意放弃当前价值水平的成本的程度，反映了高管对其持有股权或股票综合或整体价值的评价结果。作为反映企业高管对其所持股的整体价值的衡量指标，高管股权激励总价值对高管采取何种风险态度，取决于是否看好公司股票的未来走势，也就是公司未来的发展趋势。已有研究表明，公司未来的市场价值对其技术创新投入呈正向影响作用。[126] Hottenrott 等人(2012)研究表明，企业拥有的技术创新能力水平相当时，自由现金流水平越低的企业技术创新投入的水平越低，而当企业的自由现金流水平相同时，创新能力越强的企业越会选择技术创新而不是通过资本经营方式来实现企业绩效的增长。[127] Bolton 等人(2011)在研究企业持有现金对企业经营的作用时提出，企业持有足够的现金有助于企业预防经营中的损失，以及为未来的发展存储适当的资源。[128] 企业的绩效水平越高，也就是其未来发展趋势越好，其高管股权激励的总价值就会越高，因而，带来的技术创新投入水平也会越高。这同从高管股权激励的总价值的构成角度分析其与技术创新投入之间的关系具有相同的结论。从高管股权激励的构成来看，高管股权激励的总价值是由预期价值与当前价值的商所得，高管股权激励的预期价值正向影响企业的技术创新投入水平，而高管股权激励的当前价值对技术创新投入呈负向影响，因此，综合以上得出，高管股权激励的当前价值水平降低，企业技术创新投入的水平将升高，而当高管股权激励的预期价值升高时，预期价值与当前价值的比值将上升，也就是高管股权激励的总价值将上升，而此时，由于预期价值正向影响技术创新投入，因此，企业技术创新水平将上升，再加上当前价值下降导致的技术创新投入水平的提高，企业高管股权激励总价值所导致的技术创新投入的总水平也将上升，因此有如下假设：

假设 4.1.3：高管股权激励总价值对公司技术创新投入呈正向影响。

4.2.2 技术创新投入与公司成长性

已有的大量研究表明，技术创新投入从不同侧面促进公司的成长。Solow (1957)最早提出技术创新是决定公司产出率成长的最重要因素之一。[129] Grossman 和 Helpman(1991)提出内生性成长理论，认为企业的成长来源于企业内部资源的有效组合和较高的投资水平。同时创新行为对企业的技术进步以及产出率的提高非常重要。[130] Klette 和 Griliches(1996)以法国、德国、西班牙和英国四个欧洲国家的企业为研究对象，试图通过探寻R&D投资水平、投资方式等对企业劳动生产率和其他要素生产率的影响，找出欧洲国家的技术创新对生产率的贡献水平低于美国企业的原因。结果发现，欧洲四国的技术创新投入对企业劳动生产率均呈正向影响，在法国主要是通过过程创新和产品创新两种方式，实现其提高劳动生产率的目的，而在西班牙和英国，主要依靠产品创新来实现提高生产率的目标，而对于德国而言，产品创新和过程创新对生产率的影响均不显著。[131] 有些研究者发现，企业技术创新与员工生产率之间的关系并不确定，这主要是由企业经营活动的复杂性导致的，比如 Henderson 和 Cockburn(1996)的研究表明企业以往的成功经验会促成技术创新，产生更高的生产效率[132]。技术创新有助于提高企业的生产效率，主要原因如下：第一，技术创新可以改善原有的生产工艺流程，重新整合或简化工艺流程，提高生产效率。Parisi 等人(2006)认为技术创新过程往往伴随过程创新，即对生产和管理过程进行创新改造，过程创新可以进行生产流程重组和改造，实现提高生产效率的目的。[133] Griffith等人(2006)认为为了提高技术的应用和吸收，企业过程创新的过程中往往伴随着对相关员工的技术性投资，因此会提高员工的生产效率。[134] 第二，技术创新可以促进企业对新技术的引进，提高技术的吸收水平，提高技术的应用效率。Griffith 等人(2006)认为企业通过从顾客和竞争对手中获得信息进行产品创新，可以提高其产品创新的质量；而从供应商和竞争对手中获得信息，可以提高其过程创新成功的可能性。[134] Chang 等人(2012)认为企业从技术供应商处获得的新技术或技术知识有助于提高企业技术吸收的能力，进而提高企业的生产效率。[135] Sharma 等人（2011）针对美国医药行业的 89 家公司研究发现，R&D 投资强度与整个企业所有生产要素的产出效率成正比。[136]

假设 4.2.1：技术创新投入与企业的生产效率增长成正比。

Fan 和 Hu（2007）发现 R&D 投资强度有助于促进公司销售收入和雇员数量的增加。[137] Piva 和 Vivarelli（2005）以意大利企业为研究对象，发现企业的创新投资与公司的雇员规模的增长呈现较微弱相关的影响。[138] Evans（1987）以美国的制造业企业为研究对象，发现企业起初的 R&D 投资强度对企业后续的雇员规模的提高呈显著的正向影响。[139] Mairesse 等人（2004）以法国的制造业、批发业和零售业为研究对象，研究表明产品创新和过程创新对企业的雇员数量有影响。[140] Parisi 等人（2006）发现企业的产品创新对雇员规模的提高呈现显著的正向影响，但过程创新对雇员规模的影响作用并不显著。[133]

假设 4.2.2：技术创新投入与企业雇员规模增长成正比。

Eberhart 等人（2004）以美国 1951 年到 2001 年间在 R&D 投资方面大幅增长的 8 313 家公司为例进行研究，得出公司的 R&D 投资与公司的长期超长收益成正比的结论。由于 R&D 投资具有绩效的滞后反应，因此其具有很高的经营风险。[141] Demirel（2012）以美国的医药企业为例，研究其在 1950 年到 2008 年间，企业专利申请情况与其销售收入增长之间的关系，发现不同规模的企业，坚持进行专利申请和产品研发对企业的销售收入增长具有正向的影响作用，而对于那些只零星进行专利开发的企业，对销售收入影响不明显。[126] 企业的 R&D 投入可以从以下几个方面促进企业的销售收入的增长：第一，通过 R&D 投入，寻求与其他企业，比如供应商、顾客和竞争对手等的技术创新合作，能够为企业提供创新所需的技术和知识等资源，为企业开发新产品和提高销售收入提供支持。[142] 第二，通过 R&D 投入开发新的产品，可以提高企业整体的经营实力，实现企业整体竞争优势的提高和品牌价值的提升，为企业创造新的销售业绩。[143]

假设 4.2.3：技术创新投入会促进企业销售收入的增长。

技术创新对于任何一个企业来说都是较为重要的存活手段和发展动力,因为其能够给行业内的无论是处于领先地位还是跟随地位的企业创造极大的价值。对于企业而言,技术创新投入的动机无疑来自于技术创新会为企业带来的竞争优势。Scherer(1965)最早发现公司的技术创新投入有助于提高其利润水平。[144]Branch(1974)又试探性地研究,发现 R&D 投入与企业的利润水平之间存在相互作用的关系,即企业的利润水平越高,其 R&D 投入水平越高;而 R&D 投入对企业未来的获利水平具有促进的作用,同时,当存在政府支持时,二者之间的相互作用更加明显。[145]Sougiannis(1994)检验了 R&D 投入对企业的会计利润和市场价值的影响,发现 R&D 投入对企业的会计利润存在以下关系:1 单位的 R&D 投入会产生 2 单位的会计利润的增长,1 单位的 R&D 投入会产生 7 单位的市场价值的增长。还发现 R&D 投入对企业市场价值存在直接和间接两条作用路径,直接路径是企业 R&D 投入通过获得更高的会计收益来影响企业的市场价值,这是 R&D 投入获得收益的资本化价值表现,间接路径是市场消费者从企业的 R&D 投入信息获知企业成长的可能性,因此带来企业价值的提升。[104]技术创新对企业利润水平的促进作用体现在:第一,技术创新通过产品创新为企业创造销售收入提高的机会[146];第二,技术创新通过工艺流程和过程管理水平的提高,可以提高企业对资源的利用水平,从而达到节约生产成本和提高生产效率的目的,进而实现对企业业绩水平的提升[147]。因此,我们提出以下假设:

假设 4.2.4:技术创新投入会促进企业利润水平的提升。

4.2.3　技术创新投入的中介作用

由于技术创新对企业成长有促进作用,因此很多学者将研究的重点放在如何能够激发高管对加大技术创新投入的偏好上。根据委托代理理论和契约理论,高管薪酬激励是缓解股东和管理者之间代理冲突最有效的方式之一,尤其是股权激励方式,可以将股东的利益与管理者的利益紧密联系在一起,以确保管理者更大限度地保证公司股东的整体利益,也就是实现公司的长远发展。技术创新活动是确保企业长远发展的重要形式和根本动力。

当公司高管与股东的利益保持一致时，追求公司长远的发展便成为高管最主要的工作目标之一，因此，此时高管就会有更强烈的动机去加大技术创新投入，以此来获得公司的成长。Rajgopal 等人(2004)的研究表明高管持有公司股权与公司的风险投资行为有关，高管持股会积极影响公司的探险行为。[72] Sanders(2001)则认为，当高管持有股票或股票期权的价格比特定的执行价格低的时候，高管的股票期权不会转化成实际的物质财富[73]，即高管会试图提高公司的绩效水平以提高公司的股票价值。技术创新投入属于公司最为常见的风险投资行为之一，而且技术创新投入作为公司盈余管理的手段之一，可以达到改善公司绩效以提高公司股票价值的目的，因此，高管持股会对技术创新投入水平产生影响，进而影响公司绩效的增长。根据前面的研究，公司高管持股的总价值是高管对其持有的股权或股票预期价值与当前价值的比值，代表了高管对公司长远发展趋势的研判，以及其对公司未来长远发展的预期。高管持有公司股票或股权会激励高管从战略高度上对公司进行投资决策，会试图通过有价值的投资形式，比如技术创新投入，以提高公司的技术水平或者降低公司的生产成本来提高公司的生产效率。比如 Fox 等人(2011)认为高管持股会通过鼓励高管进行长期的技术创新投资，以提高生产要素投资和利用的质量，进而提高公司的生产效率。[92] Hellerstein 等人认为高管持股会鼓励高管从企业长远利益出发，提高员工招聘与选拔的标准，进而提高员工的素质和能力，最终使得员工的生产能力提升，提高企业的生产效率。[93]因此得出以下假设：

假设 4.3.1：高管股权激励的总价值与公司生产效率增长正相关，且技术创新投入起到中介作用。

持有公司股票或者股权的高管在明确的目标指引下，会探索不同的方式促进企业的成长，比如拓展企业经营区域、锁定新的目标市场或顾客群、开发新的产品、增加新的服务、兼并或并购其他企业，这些探索行为往往会带来公司雇员规模的变化。显而易见，大多数公司的兼并或并购行为会直接导致公司的经营规模和人员规模的扩张。Kostiuk(1990)认为随着公司规模的扩大，组织的活动复杂性会提高，公司经营需要的人力资本数量增加，质量提高,行政层级也会增加,因此,需要给高管支付更高的“规模附加费”。[96] Jermann 等人(2007)认为开发新的产品会促进公司的产品线创新和过程创新的增加,因而导致技术和生产人员规模的增加。[97]因此,有以下假设:

假设4.3.2:高管股权激励的总价值与公司雇员规模增长正相关,且技术创新投入起到中介作用。

Chang 等人(2006)将公司的高管持股与公司的研发投入以及市场绩效联系在一起,研究发现当公司内部人持股比例较高且股权相对比较集中时,公司的研发投入水平会有所提升,此时,公司股价会因此产生积极的变化。[148] Chung 等人(2009)在研究高管薪酬制度和公司治理制度对技术创新投入以及公司市场绩效的影响时,以公司的股票超常收益表示公司的市场绩效,发现高管持股会提高公司的技术创新投入水平,进而提高公司的市场收益。[149] Balachandra 等人(1997)认为通过 R&D 投入,寻求与其他企业,比如供应商、顾客和竞争对手等的技术创新合作,能够为企业提供创新所需的技术和知识等资源,为企业开发新产品和提高销售收入提供支持。[142] Matolcsy等人(2008)认为通过 R&D 投入开发新的产品,可以提高企业整体的经营实力,实现企业整体竞争优势的提高和品牌价值的提升,为企业创造新的销售业绩。[143]因此,有以下假设:

假设4.3.3:高管股权激励的总价值与公司销售收入增长正相关,且技术创新投入起到中介作用。

公司高管实施股权激励有助于其从公司长远利益出发,选择有益的投资方式以获得企业绩效水平的提升,从而也获得自身收益的提升。钟峥等人(2013)利用市场份额、销售额、利润和投资回报率等指标来表示企业绩效,利用企业技术创新程度代表企业技术创新情况,来研究 CEO 持股对企业技术创新和企业绩效的影响,结果发现 CEO 持股对企业技术创新和企业绩效具有积极的正向影响,而且得出公司治理、技术创新和企业绩效之间存在长期稳定的均衡关系的结论。[150]有些学者研究发现,对高管实施股权激励有利于其选择特定的技术创新方式以提高企业的业绩水平。比如 Xue

(2007)对美国高科技公司研究发现,高管股权激励鼓励高管人员通过自主研发来实现技术创新,而不是采取外购的形式。[151]徐宁和吴创(2015)也有类似的发现,他们认为激励强度在一定范围内能促使民营中小上市公司高管基于长期发展考虑,加大研发投入强度,选择自主创新路径而非选择只能给企业带来中短期效应的技术引进。[152]高管股权激励的长期总价值对公司的利润水平具有正向的影响,尤其通过技术创新投入可以支持企业获得利润水平的提升。因此,有以下假设:

假设4.3.4:高管股权激励的总价值与公司利润增长正相关,且技术创新投入起到中介作用。

高管股权的预期价值代表高管人员对所持股票或者股权未来可能获得价值的期望值,它与企业在未来特定时期的股票价格直接相关。与高管股权的总价值相比,预期价值只是表现了高管人员试图通过提高公司未来的股价所获得的自身价值的提升。为获得更高的预期价值,高管人员会努力实施对公司长期绩效提升有所促进的措施。根据以往的研究,技术创新投入作为企业追求长期利益提升的有效手段,从提高工艺水平进而提高生产效率[93]、有利于企业长期核心技术人员的规模增长以及人才吸引和储备的水平提高[97]、产品生产和研发水平的提升促进企业市场份额和市场收入水平的提升[143]、降低成本提高市场收入进而提高利润水平[151]等方面全面促进公司的成长。从这个角度而言,其与高管股权的总价值对公司各方面的成长的影响过程类似。因此,得出以下假设:

假设4.4.1:高管股权的预期价值与公司生产效率增长正相关,且技术创新投入起到中介作用。

假设4.4.2:高管股权的预期价值与公司雇员规模增长正相关,且技术创新投入起到中介作用。

假设4.4.3:高管股权的预期价值与公司销售收入增长正相关,且技术创新投入起到中介作用。

假设4.4.4:高管股权的预期价值与公司利润增长正相关,且技术创新投入起到中介作用。

高管持股的当前价值是指高管人员获得股票或者股权当年的价值，这种价值往往只是以虚拟形式存在的，因为无论是股票期权、股票期股、限制性股票、股票增值权四种股权激励形式中的哪一种，高管持股的当前价值都只是高管人员在短期内获得的个人价值的“理论上”的累积，因为这四种形式均需要在未来的几年内行权后，高管才真正拥有股权并可以随意在二级市场上买卖，因此，高管在当年并没有实际获得此部分收益。因此，这种企业短期内的股权收益对高管人员的投资行为会产生与长期收益不同的影响。Parisi 等人(2006)认为 R&D 投资对公司的短期绩效和短期股价具有负面的影响，这个影响会降低 CEO 当期的薪酬水平，也可能引致接管者的关注甚至投标，威胁其职位安全，因此，CEO 可能会降低 R&D 投资的水平，选择提升股票价格的投资项目。[133]技术创新投入水平的降低会导致企业过程创新水平降低，也会导致技术吸收水平的降低，从而导致企业生产效率的降低。[134] Baek 和 Pagan(2002)认为降低公司高管的总薪酬水平和限制性股票与股票期权的水平会降低公司的技术创新投入进而降低公司的生产效率。[91]因此，有以下假设：

假设4.5.1：高管股权的当前价值与公司生产效率增长负相关，且技术创新投入起到中介作用。

根据前面的讨论，高管人员为确保其持有股票或者股权的当前价值不受损失，往往采取风险规避态度，会对可能导致其短期收益下降的所有投资行为采取非常谨慎的态度。[9]有研究表明，公司高管短期内的股权收益对公司 R&D 投资行为的负向影响，会导致公司的核心技术人才引进的减少和人才规模的缩小，也会导致企业短期内对人才培养所做出的投资水平的降低，进而影响企业长远的人才储备。因此，得出以下的假设：

假设4.5.2：高管股权的当前价值与公司雇员规模增长负相关，且技术创新投入起到中介作用。

高管持股的当前价值代表其对企业短期收益和股票短期收益的追求结果，它由公司短期收益决定。高管为确保其持有股票或股权的当前价值不受损失，其作为成本支出项目的短期技术创新投入水平会下降。有研究表明技术创新投入水平的下降会导致企业产品改进水平下降,进而导致其吸引新客户的水平和保持现有客户的水平下降,因此,其市场份额和市场收入水平下降。[153]因此,我们有以下假设:

假设4.5.3:高管股权的当前价值与公司销售收入增长负相关,且技术创新投入起到中介作用。

Berle和Means(1933)认为随着高管人员持股水平的提高,高管人员就会倾向于部署有利于自身利益的工作,比如获得额外津贴、追求与企业价值最大化无关的经营目标(如销售收入的增长、建立帝国式建筑和为员工发放福利)等,因此,会导致企业的资产收益率水平下降。[41] Balachandran等人(2012)认为从企业短期经营来看,高管股权的当前价值与被授予当年公司的股票价格有关,而对企业短期的利润水平的影响并不明显。[101]高管会因其追求短期股权价值不受损失而抑制技术创新等投资行为,技术创新投入的减少又会导致企业收入水平的下降,进而导致其总体利润水平的下降,因此,我们认为有以下的假设关系:

假设4.5.4:高管股权的当前价值与公司利润增长负相关,且技术创新投入起到中介作用。

4.3 技术创新投入中介作用的实证分析

4.3.1 样本选择与数据来源

与第3章的样本选择和数据来源相同,根据锐思数据库、国泰安数据库和上市公司的年度财务报告,笔者选取了2006年1月1日到2012年12月31日宣布实施高管股权激励计划的A股上市公司数据作为样本,并将金融保险类公司、有数据缺失的公司以及在统计期内有ST或PT事件的公司剔除。最终,本书得到样本公司291家,包括18个行业,横跨7个年份。

4.3.2 变量定义与实证模型设计

本章对公司成长性和高管股权激励的定义与第 3 章一致，公司成长性分别采用生产效率增长率（*PROG*）、雇员规模增长率（*EMPG*）、销售收入增长率（*SALG*）和利润增长率（*ROAG*）来表示，高管股权激励的水平采用股权激励的当前价值（*CW*）、预期价值（*PW*）和总价值（*TW*）来表示，各变量的定义如表 4－1 所示。

表 4－1　变量定义表

变量名称	变量符号	变量说明	文献依据
被解释变量			
生产效率增长率	*PROG*	年均主营业务收入/总成本的变化率	Pandit，et al，2011[102]
雇员规模增长率	*EMPG*	年均人员数量变化率	Jermann，et al，2007[97]
销售收入增长率	*SALG*	年均销售收入变化率	Demirel，et al，2012[103]
利润增长率	*ROAG*	年均资产净收益率增长率	Sougiannis，1994[104]
解释变量			
科研强度	*RDI*	R&D 支出/营业收入	罗婷，等，2009[154]
高管股权激励的当前价值	*CW*	高管持股数 × 当年末股价	Devers，et al，2008[70]
高管股权激励的预期价值	*PW*	高管持股数 × ［（1.233^{y} × 持股当年股价）－持股当年股价］	Martin，et al，2013[9]
高管股权激励的总价值	*TW*	*PW/CW*	Bettis，et al，2010[17]
控制变量			
公司规模	*SIZE*	lg（公司总资产）	Okamuro，Zhang，2006[105]
公司绩效	*ROA*	实施股权激励前三年总资产收益率均值	徐宁，2013[106]
行业	*IND*	属于某行业为 1，否则为 0	Bartelsman，Doms，2000[107]

续表

变量名称	变量符号	变量说明	文献依据
公司所在地区	*BEG*	属于某地区为1,否则为0	Battese, 1995[108]
现金持有水平	*CASH*	营运现金/总资产	Hanlon, et al, 2003[112]
负债水平	*LEV*	总负债额/总资产额	Steensma, Corley, 2001[109]
两职合一	*CEOP*	1代表两职合一,0代表否	Wu ,Tu, 2007[117]
独立董事比例	*OUTS*	独立董事人数占董事会人数的比例	Mansury, 2008[110]
年份	*YEAR*	公司该年份时,赋值为1,否则为0	Okamuro, Zhang, 2006[105]
成立时间	*AGE*	公司成立的年数	徐宁, 2013[106]

本书仅从技术创新投入的角度研究技术创新。根据前面的分析,企业的技术创新投入是技术创新过程的开端,它是由技术创新投入的动机和条件构成的。技术创新投入的动机越强,企业技术创新投入的条件越充分,其技术创新投入的水平就越高。本书旨在研究企业进行生产、工艺、技术等过程创新投入的水平,因此,选择了 R&D 投资强度来代表技术创新投入的水平,它包含了企业进行所有的 R&D 投资活动所涉及的各种费用在营业收入中的比重,代表了企业在技术创新方面所做出的所有相关投入。Sougiannis (1994)在研究企业的研发水平对企业财务绩效的影响时,利用 R&D 投资强度来衡量公司进行科研投入的强度,即用研发支出与营业收入的比例定义科研强度。[104]2007 年我国实行新的会计准则以来,在资产负债表中规定用"开发支出"项来代表企业的研发投入水平,但得到公认的是这一项仅代表企业在研发方面的资本化投资水平,无法实际反映企业在每个考核期内的研发应用的情况。因此,本书选用了年报附注中的"支付其他与经营活动有关的现金""长期待摊费用""待摊费用""预提费用""无形资产""管理费用""专项应付款"中与 R&D 投入有关的项目,比如专有技术、技术开发费、研究开发费、新产品开发费、科研费、科技拨款、咨询及技术开发费等项目,并得到如下公式[154]:

R&D 支出 =“支付其他与经营活动有关的现金”中的 R&D 支出 +“长期待摊费用”中的 R&D 支出 +“预提费用”中的 R&D 支出 +“待摊费用”中的 R&D 支出

按照 Baron 和 Kenny(1986)的四步骤法进行中介效应检验[155]:

第一步,检验高管股权激励对公司成长性的影响是否显著,见模型(4-1)至模型(4-4)。高管股权激励对公司生产效率增长的影响模型为(4-1a)至(4-1c),控制变量如表 4-1 所示,选择了公司规模、公司绩效、行业、成立时间和公司所在地区。高管股权激励对公司雇员规模增长的影响模型为(4-2a)至(4-2c),控制变量选择了公司规模、公司绩效、行业、成立时间。高管股权激励对公司销售收入增长的影响模型为(4-3a)至(4-3c),控制变量选择了公司规模、公司绩效、行业。高管股权激励对公司利润增长的影响模型为(4-4a)至(4-4c),控制变量选择了公司规模、行业、成立时间、现金持有水平、负债水平、独立董事比例和公司所在地区。若模型中 α_1 显著,则进行第二步。

$$PROG = \alpha_0 + \alpha_1 CW + \alpha_2 SIZE + \alpha_3 ROA + \alpha_4 IND + \alpha_5 AGE + \alpha_6 BEG + \varepsilon \quad (4-1a)$$

$$PROG = \alpha_0 + \alpha_1 PW + \alpha_2 SIZE + \alpha_3 ROA + \alpha_4 IND + \alpha_5 AGE + \alpha_6 BEG + \varepsilon \quad (4-1b)$$

$$PROG = \alpha_0 + \alpha_1 TW + \alpha_2 SIZE + \alpha_3 ROA + \alpha_4 IND + \alpha_5 AGE + \alpha_6 BEG + \varepsilon \quad (4-1c)$$

$$EMPG = \alpha_0 + \alpha_1 CW + \alpha_2 SIZE + \alpha_3 ROA + \alpha_4 IND + \alpha_5 AGE + \varepsilon \quad (4-2a)$$

$$EMPG = \alpha_0 + \alpha_1 PW + \alpha_2 SIZE + \alpha_3 ROA + \alpha_4 IND + \alpha_5 AGE + \varepsilon \quad (4-2b)$$

$$EMPG = \alpha_0 + \alpha_1 TW + \alpha_2 SIZE + \alpha_3 ROA + \alpha_4 IND + \alpha_5 AGE + \varepsilon \quad (4-2c)$$

$$SALG = \alpha_0 + \alpha_1 CW + \alpha_2 SIZE + \alpha_3 ROA + \alpha_4 IND + \varepsilon \quad (4-3a)$$

$$SALG = \alpha_0 + \alpha_1 PW + \alpha_2 SIZE + \alpha_3 ROA + \alpha_4 IND + \varepsilon \quad (4-3b)$$

$$SALG = \alpha_0 + \alpha_1 TW + \alpha_2 SIZE + \alpha_3 ROA + \alpha_4 IND + \varepsilon \quad (4-3c)$$

$$ROAG = \alpha_0 + \alpha_1 CW + \alpha_2 SIZE + \alpha_3 IND + \alpha_4 AGE + \alpha_5 CASH + \alpha_6 LEV + \alpha_7 OUTS + \varepsilon \quad (4-4a)$$

$$ROAG = \alpha_0 + \alpha_1 PW + \alpha_2 SIZE + \alpha_3 IND + \alpha_4 AGE + \alpha_5 CASH + \alpha_6 LEV + \alpha_7 OUTS + \varepsilon \quad (4-4b)$$

$$ROAG = \alpha_0 + \alpha_1 TW + \alpha_2 SIZE + \alpha_3 IND + \alpha_4 AGE + \alpha_5 CASH + \alpha_6 LEV +$$

$$\alpha_7 OUTS + \varepsilon \tag{4-4c}$$

第二步，检验高管股权激励对技术创新的影响是否显著，参见模型(4－5)。影响公司技术创新投入的因素有财务特征、公司治理特征和其他特征。具体而言，财务特征是影响技术创新投入水平的重要因素之一，高管股权激励水平和财务特征都是影响高管技术创新投入决策的因素，因此，模型中应控制住财务特征对技术创新投入的影响。财务特征包括负债水平(*LEV*)、公司绩效(*ROA*)、现金持有水平(*CASH*)。公司治理特征是公司治理水平的反映，它决定着公司利用和开发各种资源的效率，决定着公司的管理水平。技术创新决策由公司的决策者制定并实施，因此，公司治理水平直接影响公司的技术创新投入决策以及实施情况。而且不同的公司治理水平也会通过影响高管持有的权利影响其进行技术创新的动机。因此，模型中需要控制住公司治理水平对公司技术创新投入的动机。公司治理水平包括董事会结构，即独立董事比例(*OUTS*)和两职合一(*CEOP*)的情况。其他特征包括公司规模(*SIZE*)、行业(*IND*)和年份(*YEAR*)。若各模型中 β_1 显著，则进行第三步。

$$RDI = \beta_0 + \beta_1 CW + \beta_2 SIZE + \beta_3 ROA + \beta_4 LEV + \beta_5 CASH + \beta_6 IND + \beta_7 YEAR + \beta_8 CEOP + \beta_9 OUTS + \varepsilon \tag{4-5a}$$

$$RDI = \beta_0 + \beta_1 PW + \beta_2 SIZE + \beta_3 ROA + \beta_4 LEV + \beta_5 CASH + \beta_6 IND + \beta_7 YEAR + \beta_8 CEOP + \beta_9 OUTS + \varepsilon \tag{4-5b}$$

$$RDI = \beta_0 + \beta_1 TW + \beta_2 SIZE + \beta_3 ROA + \beta_4 LEV + \beta_5 CASH + \beta_6 IND + \beta_7 YEAR + \beta_8 CEOP + \beta_9 OUTS + \varepsilon \tag{4-5c}$$

第三步，检验技术创新投入对公司成长性的影响是否显著，见模型(4－6a)至模型(4－6d)。若模型中 χ_1 显著，则进行第四步。

$$PROG = \chi_0 + \chi_1 RDI + \chi_2 SIZE + \chi_3 ROA + \chi_4 IND + \chi_5 AGE + \chi_6 BEG + \varepsilon \tag{4-6a}$$

$$EMPG = \chi_0 + \chi_1 RDI + \chi_2 SIZE + \chi_3 ROA + \chi_4 IND + \chi_5 AGE + \varepsilon \tag{4-6b}$$

$$SALG = \chi_0 + \chi_1 RDI + \chi_2 SIZE + \chi_3 ROA + \chi_4 IND + \varepsilon \tag{4-6c}$$

$$ROAG = \chi_0 + \chi_1 RDI + \chi_2 SIZE + \chi_3 IND + \chi_4 AGE + \chi_5 CASH + \chi_6 LEV +$$

$$\chi_7 OUTS + \varepsilon \tag{4-6d}$$

第四步,检验技术创新投入在高管股权激励与公司成长性关系中是否发挥了中介效应。将技术创新投入与高管股权激励同时纳入到公司成长性的回归模型中,见模型(4-7)至模型(4-10),并根据 Freedman 和Schatzkin (1992)[156]的中介效应检验方法,检验模型(4-1)至模型(4-4)中的系数α_1和模型(4-7)至模型(4-10)中的系数λ_2是否存在显著差异。如果二者存在显著差异,且λ_2完全不显著,则技术创新投入发挥的是完全中介效应;如果二者存在显著差异,且λ_2显著但显著水平比α_1低,则技术创新投入发挥部分中介效应;如果二者不存在显著差异,则技术创新投入没有发挥中介效应。

$$PROG = \lambda_0 + \lambda_1 RDI + \lambda_2 CW + \lambda_3 SIZE + \lambda_4 ROA + \lambda_5 IND + \lambda_6 AGE + \varepsilon \tag{4-7a}$$

$$PROG = \lambda_0 + \lambda_1 RDI + \lambda_2 PW + \lambda_3 SIZE + \lambda_4 ROA + \lambda_5 IND + \lambda_6 AGE + \varepsilon \tag{4-7b}$$

$$PROG = \lambda_0 + \lambda_1 RDI + \lambda_2 TW + \lambda_3 SIZE + \lambda_4 ROA + \lambda_5 IND + \lambda_6 AGE + \varepsilon \tag{4-7c}$$

$$EMPG = \lambda_0 + \lambda_1 RDI + \lambda_2 CW + \lambda_3 SIZE + \lambda_4 ROA + \lambda_5 IND + \lambda_6 AGE + \varepsilon \tag{4-8a}$$

$$EMPG = \lambda_0 + \lambda_1 RDI + \lambda_2 PW + \lambda_3 SIZE + \lambda_4 ROA + \lambda_5 IND + \lambda_6 AGE + \varepsilon \tag{4-8b}$$

$$EMPG = \lambda_0 + \lambda_1 RDI + \lambda_2 TW + \lambda_3 SIZE + \lambda_4 ROA + \lambda_5 IND + \lambda_6 AGE + \varepsilon \tag{4-8c}$$

$$SALG = \lambda_0 + \lambda_1 RDI + \lambda_2 CW + \lambda_3 SIZE + \lambda_4 ROA + \lambda_5 IND + \varepsilon \tag{4-9a}$$

$$SALG = \lambda_0 + \lambda_1 RDI + \lambda_2 PW + \lambda_3 SIZE + \lambda_4 ROA + \lambda_5 IND + \varepsilon \tag{4-9b}$$

$$SALG = \lambda_0 + \lambda_1 RDI + \lambda_2 TW + \lambda_3 SIZE + \lambda_4 ROA + \lambda_5 IND + \varepsilon \tag{4-9c}$$

$$ROAG = \lambda_0 + \lambda_1 RDI + \lambda_2 CW + \lambda_3 SIZE + \lambda_4 IND + \lambda_5 AGE + \lambda_6 CASH + \lambda_7 LEV + \lambda_8 OUTS + \varepsilon \tag{4-10a}$$

$$ROAG = \lambda_0 + \lambda_1 RDI + \lambda_2 PW + \lambda_3 SIZE + \lambda_4 IND + \lambda_5 AGE + \lambda_6 CASH + \lambda_7 LEV + \lambda_8 OUTS + \varepsilon \tag{4-10b}$$

$$ROAG = \lambda_0 + \lambda_1 RDI + \lambda_2 TW + \lambda_3 SIZE + \lambda_4 IND + \lambda_5 AGE + \lambda_6 CASH + \lambda_7 LEV + \lambda_8 OUTS + \varepsilon \quad (4-10c)$$

4.3.3 实证检验结果与分析

4.3.3.1 描述性统计分析

首先,对变量进行描述性统计。从表4－2可以看出:(1)高管股权激励的当前价值(*CW*)、预期价值(*PW*)、总价值(*TW*)的最大值和最小值分别为10 387.5、8.68×10^{-10},5 144.85、8.09×10^{-11},257.36、0.05,存在较大的差异。(2)公司的生产效率增长率(*PROG*)、雇员规模增长率(*EMPG*)、销售收入增长率(*SALG*)、利润增长率(*ROAG*)的最大值和最小值分别为42.66、0.44,110.03、－53.32,101.07、－245.58,7.86、－38.39,存在较大的差异。(3)公司的技术创新投入(*RDI*)最大值和最小值分别为7.02、0,具有较大的差异。(4)所选择的各控制变量数值存在明显差异,证明了考察这些变量作为控制变量的必要性。

4.3.3.2 相关性分析

表4－3为全样本Pearson相关系数分析结果。从中看出,上市公司高管股权激励的当前价值(*CW*)、预期价值(*PW*)、总价值(*TW*)与销售收入增长和利润增长均为在0.1以上水平显著相关,当前价值分别与两个成长变量负相关,预期价值和总价值均为正相关。*CW*、*PW*和*TW*对生产效率增长和雇员规模增长影响不显著。高管股权激励*CW*、*PW*和*TW*三个变量对技术创新投入*RDI*分别呈现负向、正向和正向显著影响,假设4.1.1—4.1.3得到支持。技术创新投入*RDI*对公司成长的四个变量呈现正向的影响关系,假设4.2.1—4.2.4得到支持。所有控制变量与公司的生产效率增长、雇员规模增长、销售收入增长和利润增长四个因变量都呈现出0.05以上的显著相关,说明控制变量的引入是合适的。同时,自变量与因变量之间也存在相关关系,且各个自变量之间也显著相关,这是否会导致多重共线性的存在,如果存在,消除多重共线性后,自变量对因变量的影响关系是否仍然存

在,有待于接下来的检验。

表4-2 变量的描述性统计分析结果

	样本数	最小值	最大值	平均值	标准差
CW	291	8.68×10^{-10}	10 387.5	1.072×10^{-9}	5.909×10^{-9}
PW	291	8.09×10^{-11}	5 144.85	2.694×10^{-10}	1.021×10^{-11}
TW	291	0.05	257.36	0.6404	101.26
RDI	291	0	7.02	0.056	0.4226
PROG	291	0.44	42.66	2.289	3.735
EMPG	291	-53.32	110.03	2.677	18.215
SALG	291	-245.58	101.07	-0.3736	18.215
ROAG	291	-38.39	7.86	0.5082	2.846
SIZE	291	19.80	26.96	21.816	1.206
ROA	291	-14.54	41.01	6.803	9.550
OUTS	291	0.11	100	15.879	19.517
AGE	291	6	64	17.454	6.508
BEG	291	1	3	1.275	0.557
CASH	291	-0.004	19.82	4.28	5.678
LEV	291	-0.15	0.84	0.390	0.199
Valid	291	—	—	—	—

表 4－3 Pearson 相关系数分析

	PROG	*EMPG*	*SALG*	*ROAG*	*CW*	*PW*	*TW*	*RDI*	*SIZE*	*ROA*	*LEV*	*CASH*	*OUTS*	*AGE*	*BEG*
PROG	1														
EMPG	0.198*	1													
SALG	0.398*	0.223**	1												
ROAG	0.158**	0.254**	0.389**	1											
CW	−0.287	−0.098	−0.446**	−0.387**	1										
PW	0.841	0.376	0.376**	0.471**	0.376**	1									
TW	0.381	0.432	0.432**	0.345**	0.154**	0.345**	1								
RDI	0.415**	0.284**	0.564**	0.264**	−0.376*	0.208**	0.476**	1							
SIZE	0.012**	0.03**	0.01**	0.14**	0.021*	0.015**	0.128**	0.365*	1						
ROA	0.344**	−0.126*	0.142**	—	0.241*	0.326**	0.431**	0.346*	0.235*	1					
LEV	—	—	—	−0.008*	0.124*	−0.057**	0.088**	−0.425**	0.228*	−0.177*	1				
CASH	—	—	—	0.002	−0.011	0.010	0.031	0.243*	−0.045	−0.30	−0.017	1			
OUTS	—	—	—	−0.032*	−0.082*	0.122**	−0.211**	−0.575**	−0.524**	−0.124*	0.191*	0.136*	1		
AGE	0.072**	−0.138**	—	0.054*	0.023**	−0.059**	0.114*	0.425**	0.125**	0.073*	0.085*	−0.083**	0.122*	1	
BEG	−0.035**	—	—	—	−0.012*	0.034**	−0.026*	−0.342*	0.182**	−0.023**	0.145*	−0.025*	−0.149**	0.125*	1

注：*** 代表在 0.01 水平上显著，** 代表在 0.05 水平上显著，* 代表在 0.1 水平上显著

4.3.3.3 回归分析

第一步,验证高管股权激励对公司成长性的影响。初步检验了各自变量之间的多重共线性,其 *VIF* 值均在 5 以内,说明多重共线性可以接受。从表 4-4 的回归分析结果看出,模型(4-1)和模型(4-2)分别验证了高管股权激励的当前价值(*CW*)、预期价值(*PW*)和总价值(*TW*)对公司生产效率增长率(*PROG*)和雇员规模增长率(*EMPG*)的影响不显著,模型(4-3)和模型(4-4)分别验证了高管股权激励的当前价值(*CW*)、预期价值(*PW*)和总价值(*TW*)对公司销售收入增长率(*SALG*)和利润增长率(*ROAG*)的影响显著。

第二步,验证高管股权激励对技术创新投入的影响。检验了各自变量之间的多重共线性,其 *VIF* 值均在 5 以内,说明多重共线性可以接受。从表 4-5 的回归分析结果可以看出,高管股权激励的当前价值(*CW*)、预期价值(*PW*)和总价值(*TW*)对公司技术创新投入均具有显著的影响,分别是负向影响、正向影响和正向影响。假设 4.1.1—4.1.3 均得到支持。

第三步,验证技术创新投入对公司成长性的影响。各变量的 *VIF* 值均在 5 以内,多重共线性程度可以接受。从表 4-6 回归分析结果可以看出,技术创新投入(*RDI*)与公司的销售收入的增长以及利润的增长均具有显著的正向影响作用。但 *RDI* 对生产效率增长、公司雇员规模增长不具有显著影响。假设 4.2.3 和假设 4.2.4 得到支持,假设 4.2.1、假设 4.2.2 未得到支持。

表 4-4　高管股权激励对公司成长性的回归分析

	模型 (4-1a)	模型 (4-1b)	模型 (4-1c)	模型 (4-2a)	模型 (4-2b)	模型 (4-2c)	模型 (4-3a)	模型 (4-3b)	模型 (4-3c)	模型 (4-4a)	模型 (4-4b)	模型 (4-4c)
常量	0.102*	0.175*	0.125*	0.135*	0.133*	0.122*	0.102*	0.146*	0.125*	0.143*	0.176*	0.126*
CW	-0.153	—	—	-0.210	—	—	-0.120**	—	—	-0.098*	—	—
PW	—	0.002	—	—	0.001	—	—	0.011*	—	—	0.021*	—
TW	—	—	0.023	—	—	0.141	—	—	0.421**	—	—	0.153**
SIZE	0.202**	0.01*	0.060*	0.001*	0.002*	0.001*	0.001*	0.003*	0.231*	0.135*	0.078*	0.342*
ROA	0.121*	0.15*	0.101*	-0.020*	-0.01*	-0.021*	0.024*	0.003*	0.052*	—	—	—
LEV	—	—	—	—	—	—	—	—	—	-0.062*	-0.075*	-0.067*
AGE	0.029*	0.032**	0.030**	-0.030*	-0.131*	-0.431*	—	—	—	0.032*	0.125*	0.237*
OUTS	—	—	—	—	—	—	—	—	—	-0.027*	-0.018**	0.025**
CASH	—	—	—	—	—	—	—	—	—	0.030*	0.006*	0.052*
BEG	-0.029***	-0.025**	-0.124**	—	—	—	—	—	—	—	—	—
IND	控制	控制	控制	控制	控制	控制	控制	控制	控制	控制	控制	控制
$Adj-R^2$	0.129***	0.132***	0.272***	0.135***	0.155***	0.158***	0.129**	0.104**	0.134***	0.214***	0.132**	0.108**

注：*** 代表在 0.01 水平上显著，** 代表在 0.05 水平上显著，* 代表在 0.1 水平上显著

表 4-5 高管股权激励对技术创新投入的回归分析

	模型(4-5a)	模型(4-5b)	模型(4-5c)
常量	0.132*	0.189*	0.133*
CW	-0.257**	—	—
PW	—	0.018**	—
TW	—	—	0.142**
SIZE	0.202**	0.01*	0.060*
ROA	0.121*	0.15*	0.101*
LEV	—	—	—
AGE	0.029*	0.032**	0.030**
OUTS	—	—	—
CASH	—	—	—
BEG	-0.029***	-0.025**	-0.124**
IND	控制	控制	控制
YEAR	控制	控制	控制
$Adj-R^2$	0.129***	0.132***	0.272***

注:*** 代表在0.01水平上显著,** 代表在0.05水平上显著,* 代表在0.1水平上显著

表 4-6 技术创新投入对公司成长性的回归分析

	模型(4-6a)	模型(4-6b)	模型(4-6c)	模型(4-6d)
常量	0.342*	0.245*	0.435*	0.243**
RDI	0.125**	0.452	0.527**	0.986**
SIZE	1.342**	2.034*	0.032*	0.231**
ROA	1.351*	1.154*	1.234*	—
LEV	—	—	—	-2.264*
AGE	1.215*	-1.254**	—	0.030**
OUTS	—	—	—	-0.965*
CASH	—	—	—	0.234**
BEG	—	—	—	-0.029***
IND	控制	控制	控制	—
$Adj-R^2$	0.231***	0.142***	0.365***	0.332**

注:*** 代表在0.01水平上显著,** 代表在0.05水平上显著,* 代表在0.1水平上显著

表 4-7 高管股权激励、技术创新投入对公司成长性的回归分析

	模型 (4-7a)	模型 (4-7b)	模型 (4-7c)	模型 (4-8a)	模型 (4-8b)	模型 (4-8c)	模型 (4-9a)	模型 (4-9b)	模型 (4-9c)	模型 (4-10a)	模型 (4-10b)	模型 (4-10c)
常量	0.102*	0.175*	0.125*	0.135*	0.133*	0.122*	0.102*	0.146*	0.125*	0.143*	0.176*	0.126*
CW	-0.435	—	—	-0.521	—	—	-0.342**	—	—	-0.109*	—	—
PW	—	0.065	—	—	0.067	—	—	0.023*	—	—	0.001*	—
TW	—	—	0.142	—	—	0.137	—	—	0.356**	—	—	0.143**
RDI	0.136**	0.231**	0.311**	0.376	0.451	0.532	0.362**	0.543**	0.324**	0.598**	1.011**	1.203**
SIZE	0.211**	0.124*	0.255*	0.231*	0.541*	1.041*	1.671*	1.043*	1.241*	3.153*	3.054*	3.353*
ROA	1.675*	1.195*	2.421*	-2.702*	-2.453*	-1.051*	0.214*	0.054*	0.032*	—	—	—
LEV	—	—	—	—	—	—	—	—	—	-0.165*	-0.121*	-0.176*
AGE	1.643*	1.932**	1.030**	-0.503*	-1.123*	-2.001*	—	—	—	0.056*	0.185*	0.267*
OUTS	—	—	—	—	—	—	—	—	—	-1.347*	-1.568**	1.085**
CASH	—	—	—	—	—	—	—	—	—	0.243*	0.008*	0.043*
BEG	-0.139**	-0.154**	-0.175**	—	—	—	—	—	—	—	—	—
IND	控制	控制	控制	控制	控制	控制	控制	控制	控制	控制	控制	控制
$Adj-R^2$	0.232***	0.245***	0.282***	0.239***	0.208***	0.321***	0.235**	0.208**	0.207***	0.256***	0.186**	0.136**
ΔR^2	0.103***	0.113***	0.01***	0.104***	0.053***	0.163***	0.106**	0.104**	0.073***	0.042***	0.054**	0.028**

注：*** 代表在 0.01 水平上显著，** 代表在 0.05 水平上显著，* 代表在 0.1 水平上显著

第四步，将高管股权激励与技术创新投入同时纳入公司成长性的模型中，检验系数的变化情况。从表4－7看出，各自变量之间多重共线性的*VIF*值均在5以内，因此其多重共线性程度可以接受。此外，从模型(4－7a)至(4－8c)的回归结果看出，高管股权激励*CW*、*PW*和*TW*三个变量对公司生产效率增长和雇员规模增长影响均不显著，技术创新投入对公司雇员规模增长影响不显著；从模型(4－9a)至(4－10c)可以看出，高管股权激励*CW*、*PW*和*TW*对公司销售收入增长和利润增长具有显著的影响，技术创新投入对公司销售收入增长和利润水平增长具有显著的影响。

从影响系数来看，高管股权激励*CW*、*PW*和*TW*对公司销售收入增长和利润增长的影响系数分别为－0.342、0.023、0.356和－0.109、0.001、0.143，比第一步中所得的影响系数－0.120、0.011、0.421和－0.098、0.021、0.153均小，因此，说明技术创新投入起到部分中介作用。假设4.3.3、假设4.3.4、假设4.4.3、假设4.4.4、假设4.5.3、假设4.5.4得到支持，假设4.3.1、假设4.3.2、假设4.4.1、假设4.4.2、假设4.5.1、假设4.5.2未得到支持。其中，最后一行ΔR^2数值为表4－7的$Adj-R^2$值减去表4－4中的$Adj-R^2$值的结果，即表示加入技术创新投入的中介变量后，方程的拟合系数变化的情况。

4.4 结果讨论

高管股权激励对公司成长性的四个方面的影响关系中，对销售收入增长和利润增长均显著，而对雇员规模增长和生产效率增长均不显著，这个结果与上一章的研究结果相同。高管股权激励的当前价值(*CW*)、预期价值(*PW*)和总价值(*TW*)对公司技术创新投入均具有显著的影响，分别是负向影响、正向影响和正向影响。技术创新投入虽然对公司的生产效率增长、销售收入增长和利润增长具有显著的影响，但在表4－7中，即在高管股权激励与技术创新投入共同影响公司成长性的回归分析结果中，我们发现高管股权激励的*CW*、*PW*和*TW*对销售收入增长和利润增长的影响系数降低了，因此技术创新投入起到部分中介作用。

本部分的结论为高管股权激励的总价值水平通过技术创新投入积极影响公司的销售收入增长和利润增长。其实际含义为当公司高管人员综合衡量高管持有的公司股权的当前价值和预期价值后，高管股权激励的总价值会激发高管人员的风险行为从而提高对企业的技术创新投入的水平，由此会促进企业销售收入水平和利润水平的增长。该结论的现实意义体现在：第一，进一步明确高管股权激励水平对公司销售收入增长和利润水平增长的积极影响作用，使公司的管理者更加明确高管股权激励措施的重要意义，也使其准确锁定公司成长的有效途径，促进公司的成长。第二，揭示了高管股权激励水平影响公司成长性的内在过程，即阐释了高管股权激励水平是通过影响企业的技术创新投入水平，实现促进公司销售收入和利润增长的作用的；使企业管理者更加清晰地认识到高管股权激励对企业技术创新投入水平和公司成长性的影响作用，进而更好地利用实现企业成长的有效手段。第三，发现技术创新投入对高管股权激励影响公司成长性的中间路径作用，更加准确地理解技术创新投入的重要性，为管理者更好地规划和开展技术创新投入工作提供有效的依据和保障。

在技术创新投入路径下，高管股权激励对公司雇员规模和生产效率增长的影响仍然不显著。有研究显示，企业技术创新投入水平提高，其核心技术人员团队规模也会有所增加，也就是说，技术创新投入增加有助于促进企业技术人员团队规模的增长。但高管股权激励通过促进企业技术创新投入水平提高并未获得企业雇员规模的增长。这主要的原因可能如下：第一，如上一章结果讨论所述，技术创新投入对核心技术人员规模增长的促进作用一般体现在具有生产和技术开发职能类型的企业中，但由于在本书所研究的样本中，这类企业所占的比例有限，因此，未能发现明显的技术创新促进核心技术人员增长的趋势；第二，由于本书所选择的员工人数增长的指标是对企业所有类型员工总数增长情况的统计，不仅仅包括技术类人才，还包括管理类、生产类等不同的类别的人才，技术类人才只是其中的一部分，甚至在有些行业，比如服务业、传播新闻业等行业技术类人才所占比重较小，因此，技术创新投入对所有类别人员总数的增长的影响趋势并不明显，于是通过技术创新投入的中间路径，高管股权激励对公司雇员规模增长的影响作用并不显著。

在技术创新投入路径下，高管股权激励对公司生产效率增长的影响仍然不显著。这也与前面提到的调研样本范围有关系。这与 Alessandri 等人（2014）和 Rochina-Barrachina 等人（2010）的研究结果类似。[157-158] Alessandri等人（2014）在探究管理层激励与公司的 R&D 投资的关系时，首先从行为理论出发，针对高科技企业，分别提出组织冗余（Organizational Slack，指企业拥有多余的资源可供使用）、绩效期望差（Attainment Discrepancy，指高管期望的绩效与实际获得绩效的差距）和企业濒临破产的程度（Distance from Bankruptcy）对企业 R&D 投资影响的模型，其次，讨论了经理人持股和持股后收益对以上模型的调节作用。研究发现，当企业对管理层期望的绩效水平与实际获得的绩效水平存在差距时，也就是实际获得的绩效水平需要进一步提高以达到期望的绩效水平时，高管人员会有通过 R&D 投资提高公司绩效的动机和行为，而且当高管持有公司股权并会获得持股收益时，这种动机和行为更加明显。Rochina-Barrachina 等人（2010）也在针对制造类企业的实例的研究中发现无论企业的规模大小，企业的过程创新投入都有利于提高企业的生产效率，而且随着企业规模增大，企业的过程创新产生的生产效率提升的时间更长。因此，高管持股以及持股附带的收益会促进其进行技术创新投入，从而促进企业生产效率的提高。

4.5 本章小结

本章在上一章的高管股权激励影响公司成长性的研究基础上，从高管的风险态度和创新动机出发，提出高管股权激励对公司成长性的技术创新影响路径，并构建模型进行验证。本章采取描述性统计分析、相关系数分析和回归分析的方法，对我国上市公司实施高管股权激励的公司进行了实证检验，结果发现高管股权激励 *CW*、*PW* 和 *TW* 三个变量对公司生产效率增长和雇员规模增长没有显著影响，对公司销售收入增长和利润增长均具有显著的影响；技术创新投入除对公司雇员规模增长影响不显著，对公司的生产效率增长、销售收入增长和利润增长均具有显著的影响。进一步地得出结论，即技术创新投入在高管股权激励与销售收入增长的关系中具有部分中介作用，技术创新投入在高管股权激励与利润增长的关系中具有部分中介作用。

第 5 章　终极控制人在高管股权激励对公司成长性影响中的调节作用

Jensen 和 Meckling (1976)关于公司所有权结构对公司绩效和公司价值影响的研究是所有权结构研究最为经典的文献之一,他们试图构建所有权结构的内容,探讨其如何影响公司的价值,他们提出了所有权结构通过影响公司的投资行为而影响公司的价值。[2]以 Jensen(1976)、Murphy(1999)为代表的古典代理理论学者们均认为,股权越分散,经营者越会将资本投入到盈利能力差甚至非盈利的项目中,即会出现过度投资现象。[2,35]而随着企业经营的全球化发展,20 世纪 80 年代后,越来越多的企业通过股权集中来控制控股股东的最大利益。[89]随着股权集中度的提升,控股股东与中小股东之间的代理问题成为企业代理矛盾的主要表现,也就是说控股股东通过手中的控制权来为自身牟利,侵占小股东的利益。这主要是由于股权相对集中后,所构成的金字塔式的股权结构,会将公司的资金通过资产转移、证券回购等方式进行内部交易,从而侵犯了小股东的利益,这也就是所说的“隧道挖掘”。与许多国家类似,我国许多上市公司都是股权集中度较高而且属于金字塔式结构类型,那么在股权相对集中的情况下,上市公司终极控制人是否发挥其特有的控制权使实施高管股权激励措施的企业通过技术创新投资的渠道来影响企业的成长性呢?这是本章需解决的问题。

5.1 终极控制人的界定

5.1.1 终极控制人的概念

Porta 等人(1997)首先提出了终极控制人的概念。通过研究27个国家企业的股权结构特征,他们发现,控制企业所有权的不是第一大股东而是一些通过发行多种类股票、交叉持股和金字塔式控股等方式拥有最终控制权的股东,这些股东被称作终极控制人。[43]终极控制人是企业股东链条上最高的一层,他们通过金字塔式的股东结构链条对公司实施控制,他们是公司的实际控制人。在集中所有权结构下,公司的控制权和现金流权相分离,终极控制人能够获取超过现金流权更大的实际控制权。Bebchuk 等人(2003)认为企业的终极控制人掌握着公司经营、投融资等活动的控制权,这种控制权不同于企业的现金流权,终极控制人往往通过金字塔结构、优先表决权和交叉持股等方式,即使不控制企业的现金流权,也能对企业实施控制。[60]

5.1.2 终极控制人的内容

参考 Porta 等学者(1997)对终极控制人的分类方法[43],本书从产权性质、政府背景性质和金字塔层级三个维度来研究终极控制人特征对企业成长性的影响。

1. 产权性质

产权性质是指终极控制人的产权类型。Liu 等人(2003)研究得出,产权性质一般指终极控制人的所有权性质类型,包括国家所有和非国家所有两种类型。[159]

2. 政府背景性质

政府背景性质是指在国家所有的企业中,又分为地方所有企业和中央所有企业。[160]地方所有是指省、市政府或其直属单位拥有直接所有权或控股权。中央所有是指国家或其直属单位直接拥有企业的所有权或控股权。

3. 金字塔层级

金字塔层级是指企业从最高控制层到最低控制层的层级数量，即沿着公司的控制链条追溯到终极控制人总共经历的层级数量。终极控制人对公司的控制包括直接控制和间接控制两种方式。直接控制是指终极控制股东不经过中间层级而直接对公司实施的控制，间接控制是指终极控制人通过金字塔结构等方式间隔一个或者多个中间层级对公司实施的控制。企业的金字塔层级既体现了企业控制权结构的复杂性，同时也代表了控制权与现金流权分离的程度。[161]

5.2 终极控制人的调节机理

5.2.1 公司产权性质的调节作用

国有企业与非国有企业相比，国有企业在资源获取和占有方面具有很多优势，比如融资优势。[137]主要原因在于我国现有的银行中仍以国有为主，同为国家所有的背景，再加上国有企业负责人容易通过行政手段建立起与国有银行负责人之间的联系，国有银行容易放松对国有企业的审查和监督，从而使得国有企业更容易获得贷款。而对于非国有企业而言，就不存在这种优势关系了，非国有企业融资难的问题始终是约束其发展的重要因素。[162] Wang(2007)认为融资约束对高管薪酬激励的总体水平呈现负面影响，也就是说企业的融资能力越差，其高管的整体薪酬水平就会越低，而且激励性薪酬水平比固定薪酬受到的影响越大。[163]卢慧芳等人(2013)认为融资约束程度越高的公司，股东越应给予管理层更多的与公司绩效相关的激励，将管理层利益与股东利益进行捆绑。融资约束越多，企业就越倾向于采取股权薪酬方式来对高管进行激励；融资约束越少，企业就越倾向于采取现金薪酬方式来对高管进行激励。[164]因此对于国有企业而言，外部融资优势比较明显，强大的融资能力成为其进行技术创新的强大支持。根据行为代理理论，高管持有股权的当前价值会抑制高管采取技术创新等风险行为的意愿,但国有企业所具有的强大的融资能力以及由此产生的现金获得水平,导致其规避风险的意愿受到了冲击和抵制。而根据古典代理理论,高管持有股权的预期价值对其采取技术创新等风险行为具有促进作用,因此,对于采取高管股权激励的国有企业而言,超强的融资能力就成为进一步促进其采取技术创新投入的风险行为的重要因素。高管股权激励的总价值代表放弃了当前价值而获得的预期价值的水平,也就是说高管持股的预期价值超过当前价值的程度,与非国有企业相比,国有企业较强的外部融资能力成为其强化高管股权激励对技术创新投入的因素,作为分子的高管股权激励预期价值对技术创新投入正向影响作用得到强化的同时,作为分母的当前价值对技术创新投入的负向影响作用得到减弱,因此,二者的商也获得了加强。于是有以下假设:

假设5.1.1:相对于非国有企业,国有企业高管股权当前价值对企业技术创新投入负向作用减弱。

假设5.1.2:相对于非国有企业,国有企业高管股权预期价值对企业技术创新投入正向作用加强。

假设5.1.3:相对于非国有企业,国有企业高管股权总价值对企业技术创新投入正向作用加强。

5.2.2 公司政府背景性质的调节作用

刘芍佳、孙霈、刘乃全(2003)指出在研究公司的股权结构对公司绩效的影响之前,应该先明确公司法人股的所有权属性。[165]因为对于具有法人地位的企业而言,如果其法人股究竟是国有的还是非国有或者最终由中央政府或地方政府实际控制都不得而知的话,将这些企业与具有独立的持股主体的企业并列研究是不合适的。刘星、安灵(2010)也考察了股权属性与企业投资绩效之间的关系,结果发现,地方控制的上市公司的投资绩效较中央控制的上市公司和非政府控制的上市公司低。[166]

在国有企业或国有控股企业中,终极控制人的政府背景包括地方性国有和中央国有。对于这两类企业而言,地方性国有企业较中央国有企业处于融资的劣势，因为中央国有企业一般都属于国有垄断行业或者国家重点发展的行业，其资源的独占性以及与政府之间的关系促使其更加容易从银行获得贷款支持。但从最近几年的发展来看，正好有相反的趋势。即中央国有企业融资能力有所下降，而地方性国有企业的融资能力有所上升。这主要是因为中央所属国有企业一般归中央政府职能部门直接管辖，央企所担负的国家经济发展的重大责任及提高管理水平、参与国际市场竞争的发展要求，促使其受到了严格的监督和控制，因此加大了融资的难度；而地方政府为了提高政府的业绩，对管辖的地方性国有企业进行重点扶持，包括在融资方面的扶持。陈冬华等人（2005）的研究显示，中央控股企业往往会受到相关部门比较严格的监督，如国家审计署、各司法部门、各部委的监督等，因此，中央控股企业的负责人的行为就会受到很大的监控，而地方性国有企业所受到的监督则比较松散。[167]强大的融资能力会激励企业进行技术创新，但会降低企业对高管采取股权激励的意愿。因此，对于地方性国有企业而言，较强的融资能力，就成为高管人员通过加大投资来“拼政绩”“求表现”以及一次性获得更好的企业绩效的有效手段之一。原本对技术创新投入具有负向影响的高管股权激励的当前价值，其负向作用被中和或被抑制，而高管股权激励的预期价值对技术创新投入的正向影响作用得到了加强，二者的商——高管股权激励的总价值对技术创新投入的正向作用也得到了加强。

假设5.2.1：相对于中央控制的国有企业，地方性国有企业高管股权当前价值对企业技术创新投入负向作用减弱。

假设5.2.2：相对于中央控制的国有企业，地方性国有企业高管股权预期价值对企业技术创新投入正向作用加强。

假设5.2.3：相对于中央控制的国有企业，地方性国有企业高管股权总价值对企业技术创新投入正向作用加强。

5.2.3 公司金字塔层级的调节作用

Holmén 和 Högfeldt(2009)以瑞典的金字塔结构企业和封闭式基金为研究对象,探索终极控制人对企业的控制行为。结果发现金字塔结构为终极控制人即公司的控股股东以过度投资形式为侵害中小股东利益创造了便利条件,也就是所谓的终极控制人会以“隧道挖掘”行为来满足自身利益,而损害中小股东利益。[168] 宋小保等人(2009)进一步验证了终极控制人的损害中小股东利益的投资决策直接导致企业价值的下降。[169] 企业控制权金字塔层级数量越多,控股股东越会利用其拥有的控制权加大企业的投资,技术创新投入也是企业的投资行为方式中最主要的方式之一,因此,金字塔层级会积极影响企业进行技术创新投入。高管股权当前价值越高,其企业技术创新投入的水平越低,但随着企业金字塔层级数的提高,这种负向影响作用会被中和掉,也就是说金字塔层级数越高的公司,采取高管股权激励的当前价值对企业技术创新投入的负向影响作用越不明显。高管股权的预期价值有利于企业技术创新投入水平的提高,也就是说,金字塔层级越多的企业实施高管股权激励时,其股权激励的预期价值对技术创新投入的正向影响越会被加强。其高管股权激励的总价值反映的是预期价值与当前价值的比值,企业金字塔层级越多,作为分子的高管股权预期价值对技术创新投入的正向影响越大,作为分母的高管股权激励的当前价值对技术创新投入的负向影响越小,因此,做商后的数值变化越大,也就是说,金字塔层级越多,高管股权激励的总价值对企业技术创新投入的正向影响作用越大。

假设 5.3.1:企业金字塔层级数越多,其实施的高管股权激励的当前价值对企业技术创新投入负向作用越弱。

假设 5.3.2:企业金字塔层级数越多,其实施的高管股权激励的预期价值对企业技术创新投入正向作用越强。

假设 5.3.3:企业金字塔层级数越多,其实施的高管股权激励的总价值对企业技术创新投入正向作用越强。

5.2.4 被中介的调节作用

相对于非国有企业而言，国有企业拥有更强的融资能力[90]，使其拥有更加充裕的资金，因而进行技术创新投入的动机也更加强烈[170]。相对于高管股权激励的当前价值对技术创新投入的负向影响，企业的产权性质起到调节关系、缓解和抵制部分负向影响的作用。而企业的产权性质将进一步加强高管股权激励的预期价值对技术创新投入的正向影响。高管股权的总价值对技术创新投入的正向影响作用也同样将得到加强。国有企业一般处于资源占有和垄断行业，所处的垄断地位是决定其市场的优势地位和未来良好的发展趋势的重要因素，再加上国有企业拥有对各方面资源的占有优势，导致其绩效的增长性极强，因此，我们假设企业的产权性质对高管股权激励当前价值与技术创新投入的关系具有调节作用（如假设5.4.1—5.4.12所示）。

假设5.4.1：相对于非国有企业，国有企业高管股权激励当前价值对企业技术创新投入的负向影响将减弱，对企业生产效率增长性的负向影响作用也将减弱。

假设5.4.2：相对于非国有企业，国有企业高管股权激励当前价值对企业技术创新投入的负向影响将减弱，对企业雇员规模增长性的负向影响作用也将减弱。

假设5.4.3：相对于非国有企业，国有企业高管股权激励当前价值对企业技术创新投入的负向影响将减弱，对企业销售收入增长性的负向影响作用也将减弱。

假设5.4.4：相对于非国有企业，国有企业高管股权激励当前价值对企业技术创新投入的负向影响将减弱，对企业利润增长性的负向影响作用也将减弱。

假设5.4.5：相对于非国有企业，国有企业高管股权激励预期价值对企业技术创新投入的正向影响将加强，对企业生产效率增长性的正向影响作用也将加强。

假设5.4.6：相对于非国有企业，国有企业高管股权激励预期价值对企业技术创新投入的正向影响将加强，对企业雇员规模增长性的正向影响作用也将加强。

假设5.4.7：相对于非国有企业，国有企业高管股权激励预期价值对企业技术创新投入的正向影响将加强，对企业销售收入增长性的正向影响作用也将加强。

假设5.4.8：相对于非国有企业，国有企业高管股权激励预期价值对企业技术创新投入的正向影响将加强，对企业利润增长性的正向影响作用也将加强。

假设5.4.9：相对于非国有企业，国有企业高管股权激励总价值对企业技术创新投入的正向影响将加强，对企业生产效率增长性的正向影响作用也将加强。

假设5.4.10：相对于非国有企业，国有企业高管股权激励总价值对企业技术创新投入的正向影响将加强，对企业雇员规模增长性的正向影响作用也将加强。

假设5.4.11：相对于非国有企业，国有企业高管股权激励总价值对企业技术创新投入的正向影响将加强，对企业销售收入增长性的正向影响作用也将加强。

假设5.4.12：相对于非国有企业，国有企业高管股权激励总价值对企业技术创新投入的正向影响将加强，对企业利润增长性的正向影响作用也将加强。

地方控制国有企业拥有更强的融资能力，使其拥有更加充裕的资金，因而进行技术创新投入的动机也更加强烈。相对于高管股权激励的当前价值对技术创新投入的负向影响，企业政府背景性质起到调节关系、缓解和抵制部分负向影响的作用。而企业政府背景性质将进一步加强高管股权激励的预期价值对技术创新投入的正向影响。高管股权的总价值对技术创新投入的正向影响作用也同样将得到加强。此外，地方控制国有企业拥有更多的地方财政政策和税收政策的保护，因此可以获得更低的交易成本。[171]同时地方控制国有企业获得更优的融资优势,导致其拥有未来的更大的成长空间。因此,地方控制国有企业具有更好的发展优势。因此我们假设企业政府背景性质对高管股权激励当前价值与技术创新投入的关系具有调节作用(如假设5.5.1—5.5.12所示)。

假设5.5.1:相对于中央控制国有企业,地方控制国有企业高管股权激励当前价值对企业技术创新投入的负向影响将减弱,对企业生产效率增长性的负向影响作用也将减弱。

假设5.5.2:相对于中央控制国有企业,地方控制国有企业高管股权激励当前价值对企业技术创新投入的负向影响将减弱,对企业雇员规模增长性的负向影响作用也将减弱。

假设5.5.3:相对于中央控制国有企业,地方控制国有企业高管股权激励当前价值对企业技术创新投入的负向影响将减弱,对企业销售收入增长性的负向影响作用也将减弱。

假设5.5.4:相对于中央控制国有企业,地方控制国有企业高管股权激励当前价值对企业技术创新投入的负向影响将减弱,对企业利润增长性的负向影响作用也将减弱。

假设5.5.5:相对于中央控制国有企业,地方控制国有企业高管股权激励预期价值对企业技术创新投入的正向影响将加强,对企业生产效率增长性的正向影响作用也将加强。

假设5.5.6:相对于中央控制国有企业,地方控制国有企业高管股权激励预期价值对企业技术创新投入的正向影响将加强,对企业雇员规模增长性的止向影响作用也将加强。

假设5.5.7:相对于中央控制国有企业,地方控制国有企业高管股权激励预期价值对企业技术创新投入的正向影响将加强,对企业销售收入增长性的正向影响作用也将加强。

假设5.5.8:相对于中央控制国有企业,地方控制国有企业高管股权激励预期价值对企业技术创新投入的正向影响将加强,对企业利润增长性的正向影响作用也将加强。

假设5.5.9：相对于中央控制国有企业，地方控制国有企业高管股权激励总价值对企业技术创新投入的正向影响将加强，对企业生产效率增长性的正向影响作用也将加强。

假设5.5.10：相对于中央控制国有企业，地方控制国有企业高管股权激励总价值对企业技术创新投入的正向影响将加强，对企业雇员规模增长性的正向影响作用也将加强。

假设5.5.11：相对于中央控制国有企业，地方控制国有企业高管股权激励总价值对企业技术创新投入的正向影响将加强，对企业销售收入增长性的正向影响作用也将加强。

假设5.5.12：相对于中央控制国有企业，地方控制国有企业高管股权激励总价值对企业技术创新投入的正向影响将加强，对企业利润增长性的正向影响作用也将加强。

企业所有权结构中的金字塔层级越多，企业出现过度投资的可能性越大，因此，技术创新投入的水平也会越高。相对于高管股权激励的当前价值对技术创新投入的负向影响，金字塔层级数起到调节作用，缓解和抵制了部分负向影响。而金字塔层级数将进一步加强高管股权激励的预期价值对技术创新投入的正向影响。高管股权的总价值对技术创新投入的正向影响作用也同样将得到加强。金字塔层级对企业的成长性具有支撑作用。Gu等人（2010）发现，随着企业金字塔层级的增加，政府的干预程度会逐渐降低，高管的行为与社会目标逐渐脱钩而与企业的业绩增长紧密相连，因此，高管具有强烈的动机促进企业的业绩增长。[172] Guenther等人（2012）发现，企业对经理人的权益风险激励程度越高，企业的税收激励程度就越高，从而实际税负越低，税负的降低造成企业的交易成本下降，因此带来企业绩效的增长。[173]因此我们假设企业金字塔层级对高管股权激励当前价值与技术创新投入的关系具有调节作用（如假设5.6.1—5.6.12所示）。

假设5.6.1：企业金字塔层级越多，高管股权激励当前价值对企业技术创新投入的负向影响越弱，对企业生产效率增长性的负向影响作用也越弱。

假设5.6.2：企业金字塔层级越多，高管股权激励当前价值对企业技术创新投入的负向影响越弱，对企业雇员规模增长性的负向影响作用也越弱。

假设5.6.3：企业金字塔层级越多，高管股权激励当前价值对企业技术创新投入的负向影响越弱，对企业销售收入增长性的负向影响作用也越弱。

假设5.6.4：企业金字塔层级越多，高管股权激励当前价值对企业技术创新投入的负向影响越弱，对企业利润增长性的负向影响作用也越弱。

假设5.6.5：企业金字塔层级越多，高管股权激励预期价值对企业技术创新投入的正向影响越强，对企业生产效率增长性的正向影响作用也越强。

假设5.6.6：企业金字塔层级越多，高管股权激励预期价值对企业技术创新投入的正向影响越强，对企业雇员规模增长性的正向影响作用也越强。

假设5.6.7：企业金字塔层级越多，高管股权激励预期价值对企业技术创新投入的正向影响越强，对企业销售收入增长性的正向影响作用也越强。

假设5.6.8：企业金字塔层级越多，高管股权激励预期价值对企业技术创新投入的正向影响越强，对企业利润增长性的正向影响作用也越强。

假设5.6.9：企业金字塔层级越多，高管股权激励总价值对企业技术创新投入的正向影响越强，对企业生产效率增长性的正向影响作用也越强。

假设5.6.10：企业金字塔层级越多，高管股权激励总价值对企业技术创新投入的正向影响越强，对企业雇员规模增长性的正向影响作用也越强。

假设5.6.11：企业金字塔层级越多，高管股权激励总价值对企业技术创新投入的正向影响越强，对企业销售收入增长性的正向影响作用也越强。

假设5.6.12：企业金字塔层级越多，高管股权激励总价值对企业技术创新投入的正向影响越强，对企业利润增长性的正向影响作用也越强。

5.3　终极控制人的调节作用的实证检验

5.3.1　样本选择与数据来源

与第3章的样本选择和数据来源类似，本章通过锐思数据库、国泰安数据库和上市公司的年度财务报告，选取了2006年1月1日到2012年12月

31日宣布实施高管股权激励计划的A股上市公司数据作为样本，并将金融保险类公司、有数据缺失的公司以及在统计期内有ST或PT事件的公司剔除。最终，本书得到样本公司291家，共涉及18个行业，横跨7个年份。

5.3.2 变量定义与模型的构建

5.3.2.1 变量定义

白重恩、刘俏、陆洲等人提出用国有金字塔层级体现企业的性质，具体指企业被国有单位控制的深度。[174] 0代表私有，1代表被国有单位直接控制，2代表国有控股单位与公司之间存在二级控股单位，3代表国有控股单位与公司之间存在三级控股单位，4代表国有控股单位与公司之间存在四级控股单位，5代表国有控股单位与公司之间存在五级控股单位。变量定义如表5－1所示。

表5－1 变量定义表

变量名称	变量符号	变量说明	文献依据
被解释变量			
生产效率增长率	*PROG*	年均主营业务收入/总成本的变化率	Pandit, et al, 2011[102]
雇员规模增长率	*EMPG*	年均人员数量变化率	Jermann, et al, 2007[97]
销售收入增长率	*SALG*	年均销售收入变化率	Demirel, et al, 2012[103]
利润增长率	*ROAG*	年均资产净收益率增长率	Sougiannis, 1994[104]
解释变量			
科研强度	*RDI*	R&D支出/营业收入	罗婷，等，2009[154]
高管股权激励的当前价值	*CW*	高管持股数×当年末股价	Devers, et al, 2008[70]
高管股权激励的预期价值	*PW*	高管持股数×[$(1.233^y$×持股当年股价)－持股当年股价]	Martin, et al, 2013[9]

续表

变量名称	变量符号	变量说明	文献依据
高管股权激励的总价值	*TW*	*PW/CW*	Bettis, et al, 2010[17]
企业产权性质	*UGOV*	1代表国有,0代表非国有	Wang,2007[163]
企业政府背景	*ULOC*	1代表中央所有,0代表地方所有	刘星, 等,2010[166]
金字塔层级数	*GYPY*	国企金字塔层级深度	白重恩, 等,2005[174]
控制变量			
公司规模	*SIZE*	lg(公司总资产)	Okamuro, Zhang, 2006[105]
公司绩效	*ROA*	实施股权激励前三年总资产收益率均值	徐宁, 2013[106]
行业	*IND*	属于某行业为1,否则为0	Bartelsman, Doms, 2000[107]
公司所在地区	*BEG*	属于某地区为1,否则为0	Battese, 1995[108]
现金持有水平	*CASH*	营运现金/总资产	Hanlon, et al, 2003[112]
负债水平	*LEV*	总负债额/总资产额	Steensma,Corley,2001[109]
两职合一	*CEOP*	1代表两职合一,0代表否	Wu, Tu, 2007[117]
独立董事比例	*OUTS*	独立董事人数占董事会人数的比例	Mansury, 2008[110]
年份	*YEAR*	公司该年份时,赋值为1,否则为0	Okamuro, Zhang, 2006[105]
成立时间	*AGE*	公司成立的年数	徐宁, 2013[106]

5.3.2.2 建立模型

根据温忠麟等人(2006)提出的三步骤法验证被中介的调节作用[175]，有如下检验步骤：

第一步，检验高管股权激励、终极控制人和高管股权激励与终极控制人的交互项对公司成长性的影响作用。交互项的系数 δ_3 显著，则进行下一步。

$$PROG = \delta_0 + \delta_1 CW + \delta_2 UGOV + \delta_3 CW \times UGOV + \delta_4 SIZE + \delta_5 ROA + \delta_6 IND + \delta_7 AGE + \delta_8 BEG + \varepsilon \tag{5-1a}$$

$$PROG = \delta_0 + \delta_1 CW + \delta_2 ULOC + \delta_3 CW \times ULOC + \delta_4 SIZE + \delta_5 ROA + \delta_6 IND + \delta_7 AGE + \delta_8 BEG + \varepsilon \tag{5-1b}$$

$$PROG = \delta_0 + \delta_1 CW + \delta_2 GYPY + \delta_3 CW \times GYPY + \delta_4 SIZE + \delta_5 ROA + \delta_6 IND + \delta_7 AGE + \delta_8 BEG + \varepsilon \tag{5-1c}$$

$$PROG = \delta_0 + \delta_1 PW + \delta_2 UGOV + \delta_3 PW \times UGOV + \delta_4 SIZE + \delta_5 ROA + \delta_6 IND + \delta_7 AGE + \delta_8 BEG + \varepsilon \tag{5-2a}$$

$$PROG = \delta_0 + \delta_1 PW + \delta_2 ULOC + \delta_3 PW \times ULOC + \delta_4 SIZE + \delta_5 ROA + \delta_6 IND + \delta_7 AGE + \delta_8 BEG + \varepsilon \tag{5-2b}$$

$$PROG = \delta_0 + \delta_1 PW + \delta_2 GYPY + \delta_3 PW \times GYPY + \delta_4 SIZE + \delta_5 ROA + \delta_6 IND + \delta_7 AGE + \delta_8 BEG + \varepsilon \tag{5-2c}$$

$$PROG = \delta_0 + \delta_1 TW + \delta_2 UGOV + \delta_3 TW \times UGOV + \delta_4 SIZE + \delta_5 ROA + \delta_6 IND + \delta_7 AGE + \delta_8 BEG + \varepsilon \tag{5-3a}$$

$$PROG = \delta_0 + \delta_1 TW + \delta_2 ULOC + \delta_3 TW \times ULOC + \delta_4 SIZE + \delta_5 ROA + \delta_6 IND + \delta_7 AGE + \delta_8 BEG + \varepsilon \tag{5-3b}$$

$$PROG = \delta_0 + \delta_1 TW + \delta_2 GYPY + \delta_3 TW \times GYPY + \delta_4 SIZE + \delta_5 ROA + \delta_6 IND + \delta_7 AGE + \delta_8 BEG + \varepsilon \tag{5-3c}$$

$$EMPG = \delta_0 + \delta_1 CW + \delta_2 UGOV + \delta_3 CW \times UGOV + \delta_4 SIZE + \delta_5 ROA + \delta_6 IND + \delta_7 AGE + \varepsilon \tag{5-4a}$$

$$EMPG = \delta_0 + \delta_1 CW + \delta_2 ULOC + \delta_3 CW \times ULOC + \delta_4 SIZE + \delta_5 ROA + \delta_6 IND + \delta_7 AGE + \varepsilon \tag{5-4b}$$

$$EMPG = \delta_0 + \delta_1 CW + \delta_2 GYPY + \delta_3 CW \times GYPY + \delta_4 SIZE + \delta_5 ROA + \delta_6 IND + \delta_7 AGE + \varepsilon \quad (5-4c)$$

$$EMPG = \delta_0 + \delta_1 PW + \delta_2 UGOV + \delta_3 PW \times UGOV + \delta_4 SIZE + \delta_5 ROA + \delta_6 IND + \delta_7 AGE + \varepsilon \quad (5-5a)$$

$$EMPG = \delta_0 + \delta_1 PW + \delta_2 ULOC + \delta_3 PW \times ULOC + \delta_4 SIZE + \delta_5 ROA + \delta_6 IND + \delta_7 AGE + \varepsilon \quad (5-5b)$$

$$EMPG = \delta_0 + \delta_1 PW + \delta_2 GYPY + \delta_3 PW \times GYPY + \delta_4 SIZE + \delta_5 ROA + \delta_6 IND + \delta_7 AGE + \varepsilon \quad (5-5c)$$

$$EMPG = \delta_0 + \delta_1 TW + \delta_2 UGOV + \delta_3 TW \times UGOV + \delta_4 SIZE + \delta_5 ROA + \delta_6 IND + \delta_7 AGE + \varepsilon \quad (5-6a)$$

$$EMPG = \delta_0 + \delta_1 TW + \delta_2 ULOC + \delta_3 TW \times ULOC + \delta_4 SIZE + \delta_5 ROA + \delta_6 IND + \delta_7 AGE + \varepsilon \quad (5-6b)$$

$$EMPG = \delta_0 + \delta_1 TW + \delta_2 GYPY + \delta_3 TW \times GYPY + \delta_4 SIZE + \delta_5 ROA + \delta_6 IND + \delta_7 AGE + \varepsilon \quad (5-6c)$$

$$SALG = \delta_0 + \delta_1 CW + \delta_2 UGOV + \delta_3 CW \times UGOV + \delta_4 SIZE + \delta_5 ROA + \delta_6 IND + \varepsilon \quad (5-7a)$$

$$SALG = \delta_0 + \delta_1 CW + \delta_2 ULOC + \delta_3 CW \times ULOC + \delta_4 SIZE + \delta_5 ROA + \delta_6 IND + \varepsilon \quad (5-7b)$$

$$SALG = \delta_0 + \delta_1 PW + \delta_2 UGOV + \delta_3 PW \times UGOV + \delta_4 SIZE + \delta_5 ROA + \delta_6 IND + \varepsilon \quad (5-7c)$$

$$SALG = \delta_0 + \delta_1 PW + \delta_2 UGOV + \delta_3 PW \times UGOV + \delta_4 SIZE + \delta_5 ROA + \delta_6 IND + \varepsilon \quad (5-8a)$$

$$SALG = \delta_0 + \delta_1 PW + \delta_2 ULOC + \delta_3 PW \times ULOC + \delta_4 SIZE + \delta_5 ROA + \delta_6 IND + \varepsilon \quad (5-8b)$$

$$SALG = \delta_0 + \delta_1 PW + \delta_2 GYPY + \delta_3 PW \times GYPY + \delta_4 SIZE + \delta_5 ROA + \delta_6 IND + \varepsilon \quad (5-8c)$$

$$SALG = \delta_0 + \delta_1 TW + \delta_2 UGOV + \delta_3 TW \times UGOV + \delta_4 SIZE + \delta_5 ROA + \delta_6 IND + \varepsilon \quad (5-9a)$$

$$SALG = \delta_0 + \delta_1 TW + \delta_2 ULOC + \delta_3 TW \times ULOC + \delta_4 SIZE + \delta_5 ROA + \delta_6 IND + \varepsilon \quad (5-9b)$$

$$SALG = \delta_0 + \delta_1 TW + \delta_2 GYPY + \delta_3 TW \times GYPY + \delta_4 SIZE + \delta_5 ROA + \delta_6 IND + \varepsilon \quad (5-9c)$$

$$ROAG = \delta_0 + \delta_1 CW + \delta_2 UGOV + \delta_3 CW \times UGOV + \delta_4 SIZE + \delta_5 IND + \delta_6 AGE + \delta_7 CASH + \delta_8 LEV + \delta_9 OUTS + \varepsilon \quad (5-10a)$$

$$ROAG = \delta_0 + \delta_1 CW + \delta_2 ULOC + \delta_3 CW \times ULOC + \delta_4 SIZE + \delta_5 IND + \delta_6 AGE + \delta_7 CASH + \delta_8 LEV + \delta_9 OUTS + \varepsilon \quad (5-10b)$$

$$ROAG = \delta_0 + \delta_1 CW + \delta_2 GYPY + \delta_3 CW \times GYPY + \delta_4 SIZE + \delta_5 IND + \delta_6 AGE + \delta_7 CASH + \delta_8 LEV + \delta_9 OUTS + \varepsilon \quad (5-10c)$$

$$ROAG = \delta_0 + \delta_1 PW + \delta_2 UGOV + \delta_3 PW \times UGOV + \delta_4 SIZE + \delta_5 IND + \delta_6 AGE + \delta_7 CASH + \delta_8 LEV + \delta_9 OUTS + \varepsilon \quad (5-11a)$$

$$ROAG = \delta_0 + \delta_1 PW + \delta_2 ULOC + \delta_3 PW \times ULOC + \delta_4 SIZE + \delta_5 IND + \delta_6 AGE + \delta_7 CASH + \delta_8 LEV + \delta_9 OUTS + \varepsilon \quad (5-11b)$$

$$ROAG = \delta_0 + \delta_1 PW + \delta_2 GYPY + \delta_3 PW \times GYPY + \delta_4 SIZE + \delta_5 IND + \delta_6 AGE + \delta_7 CASH + \delta_8 LEV + \delta_9 OUTS + \varepsilon \quad (5-11c)$$

$$ROAG = \delta_0 + \delta_1 TW + \delta_2 UGOV + \delta_3 TW \times UGOV + \delta_4 SIZE + \delta_5 IND + \delta_6 AGE + \delta_7 CASH + \delta_8 LEV + \delta_9 OUTS + \varepsilon \quad (5-12a)$$

$$ROAG = \delta_0 + \delta_1 TW + \delta_2 ULOC + \delta_3 TW \times ULOC + \delta_4 SIZE + \delta_5 IND + \delta_6 AGE + \delta_7 CASH + \delta_8 LEV + \delta_9 OUTS + \varepsilon \quad (5-12b)$$

$$ROAG = \delta_0 + \delta_1 TW + \delta_2 GYPY + \delta_3 TW \times GYPY + \delta_4 SIZE + \delta_5 IND + \delta_6 AGE + \delta_7 CASH + \delta_8 LEV + \delta_9 OUTS + \varepsilon \quad (5-12c)$$

第二步,验证高管股权激励、终极控制人和高管股权激励与终极控制人的交互项对技术创新的影响作用。高管股权激励与终极控制人交互项的系数 η_3 显著,则进行下一步。

$$RDI = \eta_0 + \eta_1 CW + \eta_2 UGOV + \eta_3 CW \times UGOV + \eta_4 SIZE + \eta_5 ROA + \eta_6 LEV + \eta_7 CASH + \eta_8 IND + \eta_9 YEAR + \eta_{10} CEOP + \eta_{11} OUTS + \varepsilon \quad (5-13a)$$

$$RDI = \eta_0 + \eta_1 CW + \eta_2 ULOC + \eta_3 CW \times ULOC + \eta_4 SIZE + \eta_5 ROA + \eta_6 LEV +$$

$$\eta_7 CASH + \eta_8 IND + \eta_9 YEAR + \eta_{10} CEOP + \eta_{11} OUTS + \varepsilon \quad (5-13b)$$

$$RDI = \eta_0 + \eta_1 CW + \eta_2 GYPY + \eta_3 CW \times GYPY + \eta_4 SIZE + \eta_5 ROA + \eta_6 LEV + \eta_7 CASH + \eta_8 IND + \eta_9 YEAR + \eta_{10} CEOP + \eta_{11} OUTS + \varepsilon \quad (5-13c)$$

$$RDI = \eta_0 + \eta_1 PW + \eta_2 UGOV + \eta_3 PW \times UGOV + \eta_4 SIZE + \eta_5 ROA + \eta_6 LEV + \eta_7 CASH + \eta_8 IND + \eta_9 YEAR + \eta_{10} CEOP + \eta_{11} OUTS + \varepsilon \quad (5-14a)$$

$$RDI = \eta_0 + \eta_1 PW + \eta_2 ULOC + \eta_3 PW \times ULOC + \eta_4 SIZE + \eta_5 ROA + \eta_6 LEV + \eta_7 CASH + \eta_8 IND + \eta_9 YEAR + \eta_{10} CEOP + \eta_{11} OUTS + \varepsilon \quad (5-14b)$$

$$RDI = \eta_0 + \eta_1 PW + \eta_2 GYPY + \eta_3 PW \times GYPY + \eta_4 SIZE + \eta_5 ROA + \eta_6 LEV + \eta_7 CASH + \eta_8 IND + \eta_9 YEAR + \eta_{10} CEOP + \eta_{11} OUTS + \varepsilon \quad (5-14c)$$

$$RDI = \eta_0 + \eta_1 TW + \eta_2 UGOV + \eta_3 TW \times UGOV + \eta_4 SIZE + \eta_5 ROA + \eta_6 LEV + \eta_7 CASH + \eta_8 IND + \eta_9 YEAR + \eta_{10} CEOP + \eta_{11} OUTS + \varepsilon \quad (5-15a)$$

$$RDI = \eta_0 + \eta_1 TW + \eta_2 ULOC + \eta_3 TW \times ULOC + \eta_4 SIZE + \eta_5 ROA + \eta_6 LEV + \eta_7 CASH + \eta_8 IND + \eta_9 YEAR + \eta_{10} CEOP + \eta_{11} OUTS + \varepsilon \quad (5-15b)$$

$$RDI = \eta_0 + \eta_1 TW + \eta_2 GYPY + \eta_3 TW \times GYPY + \eta_4 SIZE + \eta_5 ROA + \eta_6 LEV + \eta_7 CASH + \eta_8 IND + \eta_9 YEAR + \eta_{10} CEOP + \eta_{11} OUTS + \varepsilon \quad (5-15c)$$

第三步，检验高管股权激励、技术创新投入、终极控制人以及高管股权激励与终极控制人交互项对公司成长性的影响。技术创新投入的系数ρ显著。如果在第三步中，高管股权激励与终极控制人交互项的系数η_3不显著，则终极控制人的调节效应完全通过中介变量技术创新投入而起作用。

$$PROG = \delta'_0 + \delta'_1 CW + \delta'_2 UGOV + \delta'_3 CW \times UGOV + \rho RDI + \delta'_4 SIZE + \delta'_5 ROA + \delta'_6 IND + \delta'_7 AGE + \delta'_8 BEG + \varepsilon \quad (5-16a)$$

$$PROG = \delta'_0 + \delta'_1 CW + \delta'_2 GYPY + \delta'_3 CW \times GYPY + \rho RDI + \delta'_4 SIZE + \delta'_5 ROA + \delta'_6 IND + \delta'_7 AGE + \delta'_8 BEG + \varepsilon \quad (5-16b)$$

$$PROG = \delta'_0 + \delta'_1 CW + \delta'_2 GYPY + \delta'_3 CW \times GYPY + \rho RDI + \delta'_4 SIZE + \delta'_5 ROA + \delta'_6 IND + \delta'_7 AGE + \delta'_8 BEG + \varepsilon \quad (5-16c)$$

$$PROG = \delta'_0 + \delta'_1 PW + \delta'_2 UGOV + \delta'_3 PW \times UGOV + \rho RDI + \delta'_4 SIZE + \delta'_5 ROA + \delta'_6 IND + \delta'_7 AGE + \delta'_8 BEG + \varepsilon \quad (5-17a)$$

$$PROG = \delta'_0 + \delta'_1 PW + \delta'_2 ULOC + \delta'_3 PW \times ULOC + \rho RDI + \delta'_4 SIZE + \delta'_5 ROA +$$

$$\delta'_6 IND + \delta'_7 AGE + \delta'_8 BEG + \varepsilon \quad (5-17b)$$

$$PROG = \delta'_0 + \delta'_1 PW + \delta'_2 GYPY + \delta'_3 PW \times GYPY + \rho RDI + \delta'_4 SIZE + \delta'_5 ROA + \delta'_6 IND + \delta'_7 AGE + \delta'_8 BEG + \varepsilon \quad (5-17c)$$

$$PROG = \delta'_0 + \delta'_1 TW + \delta'_2 UGOV + \delta'_3 TW \times UGOV + \rho RDI + \delta'_4 SIZE + \delta'_5 ROA + \delta'_6 IND + \delta'_7 AGE + \delta'_8 BEG + \varepsilon \quad (5-18a)$$

$$PROG = \delta'_0 + \delta'_1 TW + \delta'_2 GYPY + \delta'_3 TW \times GYPY + \rho RDI + \delta'_4 SIZE + \delta'_5 ROA + \delta'_6 IND + \delta'_7 AGE + \delta'_8 BEG + \varepsilon \quad (5-18b)$$

$$PROG = \delta'_0 + \delta'_1 TW + \delta'_2 GYPY + \delta'_3 TW \times GYPY + \rho RDI + \delta'_4 SIZE + \delta'_5 ROA + \delta'_6 IND + \delta'_7 AGE + \delta'_8 BEG + \varepsilon \quad (5-18c)$$

$$EMPG = \delta'_0 + \delta'_1 CW + \delta'_2 UGOV + \delta'_3 CW \times UGOV + \rho RDI + \delta'_4 SIZE + \delta'_5 ROA + \delta'_6 IND + \delta'_7 AGE + \varepsilon \quad (5-19a)$$

$$EMPG = \delta'_0 + \delta'_1 CW + \delta'_2 ULOC + \delta'_3 CW \times ULOC + \rho RDI + \delta'_4 SIZE + \delta'_5 ROA + \delta'_6 IND + \delta'_7 AGE + \varepsilon \quad (5-19b)$$

$$EMPG = \delta'_0 + \delta'_1 CW + \delta'_2 GYPY + \delta'_3 CW \times GYPY + \rho RDI + \delta'_4 SIZE + \delta'_5 ROA + \delta'_6 IND + \delta'_7 AGE + \varepsilon \quad (5-19c)$$

$$EMPG = \delta'_0 + \delta'_1 PW + \delta'_2 UGOV + \delta'_3 PW \times UGOV + \rho RDI + \delta'_4 SIZE + \delta'_5 ROA + \delta'_6 IND + \delta'_7 AGE + \varepsilon \quad (5-20a)$$

$$EMPG = \delta'_0 + \delta'_1 PW + \delta'_2 ULOC + \delta'_3 PW \times ULOC + \rho RDI + \delta'_4 SIZE + \delta'_5 ROA + \delta'_6 IND + \delta'_7 AGE + \varepsilon \quad (5-20b)$$

$$EMPG = \delta'_0 + \delta'_1 PW + \delta'_2 GYPY + \delta'_3 PW \times GYPY + \rho RDI + \delta'_4 SIZE + \delta'_5 ROA + \delta'_6 IND + \delta'_7 AGE + \varepsilon \quad (5-20c)$$

$$EMPG = \delta'_0 + \delta'_1 TW + \delta'_2 UGOV + \delta'_3 TW \times UGOV + \rho RDI + \delta'_4 SIZE + \delta'_5 ROA + \delta'_6 IND + \delta'_7 AGE + \varepsilon \quad (5-21a)$$

$$EMPG = \delta'_0 + \delta'_1 TW + \delta'_2 ULOC + \delta'_3 TW \times ULOC + \rho RDI + \delta'_4 SIZE + \delta'_5 ROA + \delta'_6 IND + \delta'_7 AGE + \varepsilon \quad (5-21b)$$

$$EMPG = \delta'_0 + \delta'_1 TW + \delta'_2 GYPY + \delta'_3 TW \times GYPY + \rho RDI + \delta'_4 SIZE + \delta'_5 ROA + \delta'_6 IND + \delta'_7 AGE + \varepsilon \quad (5-21c)$$

$$SALG = \delta'_0 + \delta'_1 CW + \delta'_2 UGOV + \delta'_3 CW \times UGOV + \rho RDI + \delta'_4 SIZE + \delta'_5 ROA +$$

$$\delta'_6 IND + \varepsilon \tag{5-22a}$$

$$SALG = \delta'_0 + \delta'_1 CW + \delta'_2 ULOC + \delta'_3 CW \times ULOC + \rho RDI + \delta'_4 SIZE + \delta'_5 ROA + \delta'_6 IND + \varepsilon \tag{5-22b}$$

$$SALG = \delta'_0 + \delta'_1 CW + \delta'_2 GYPY + \delta'_3 CW \times GYPY + \rho RDI + \delta'_4 SIZE + \delta'_5 ROA + \delta'_6 IND + \varepsilon \tag{5-22c}$$

$$SALG = \delta'_0 + \delta'_1 PW + \delta'_2 UGOV + \delta'_3 PW \times UGOV + \rho RDI + \delta'_4 SIZE + \delta'_5 ROA + \delta'_6 IND + \varepsilon \tag{5-23a}$$

$$SALG = \delta'_0 + \delta'_1 PW + \delta'_2 ULOC + \delta'_3 PW \times ULOC + \rho RDI + \delta'_4 SIZE + \delta'_5 ROA + \delta'_6 IND + \varepsilon \tag{5-23b}$$

$$SALG = \delta'_0 + \delta'_1 PW + \delta'_2 GYPY + \delta'_3 PW \times GYPY + \rho RDI + \delta'_4 SIZE + \delta'_5 ROA + \delta'_6 IND + \varepsilon \tag{5-23c}$$

$$SALG = \delta'_0 + \delta'_1 TW + \delta'_2 UGOV + \delta'_3 TW \times UGOV + \rho RDI + \delta'_4 SIZE + \delta'_5 ROA + \delta'_6 IND + \varepsilon \tag{5-24a}$$

$$SALG = \delta'_0 + \delta'_1 TW + \delta'_2 ULOC + \delta'_3 TW \times ULOC + \rho RDI + \delta'_4 SIZE + \delta'_5 ROA + \delta'_6 IND + \varepsilon \tag{5-24b}$$

$$SALG = \delta'_0 + \delta'_1 TW + \delta'_2 GYPY + \delta'_3 TW \times GYPY + \rho RDI + \delta'_4 SIZE + \delta'_5 ROA + \delta'_6 IND + \varepsilon \tag{5-24c}$$

$$ROAG = \delta'_0 + \delta'_1 CW + \delta'_2 UGOV + \delta'_3 CW \times UGOV + \rho RDI + \delta'_4 SIZE + \delta'_5 IND + \delta'_6 AGE + \delta'_7 CASH + \delta'_8 LEV + \delta'_9 OUTS + \varepsilon \tag{5-25a}$$

$$ROAG = \delta'_0 + \delta'_1 CW + \delta'_2 ULOC + \delta'_3 CW \times ULOC + \rho RDI + \delta'_4 SIZE + \delta'_5 IND + \delta'_6 AGE + \delta'_7 CASH + \delta'_8 LEV + \delta'_9 OUTS + \varepsilon \tag{5-25b}$$

$$ROAG = \delta'_0 + \delta'_1 CW + \delta'_2 GYPY + \delta'_3 CW \times GYPY + \rho RDI + \delta'_4 SIZE + \delta'_5 IND + \delta'_6 AGE + \delta'_7 CASH + \delta'_8 LEV + \delta'_9 OUTS + \varepsilon \tag{5-25c}$$

$$ROAG = \delta'_0 + \delta'_1 PW + \delta'_2 UGOV + \delta'_3 PW \times UGOV + \rho RDI + \delta'_4 SIZE + \delta'_5 IND + \delta'_6 AGE + \delta'_7 CASH + \delta'_8 LEV + \delta'_9 OUTS + \varepsilon \tag{5-26a}$$

$$ROAG = \delta'_0 + \delta'_1 PW + \delta'_2 ULOC + \delta'_3 PW \times ULOC + \rho RDI + \delta'_4 SIZE + \delta'_5 IND + \delta'_6 AGE + \delta'_7 CASH + \delta'_8 LEV + \delta'_9 OUTS + \varepsilon \tag{5-26b}$$

$$ROAG = \delta'_0 + \delta'_1 PW + \delta'_2 GYPY + \delta'_3 PW \times GYPY + \rho RDI + \delta'_4 SIZE + \delta'_5 IND +$$

$$\delta'_6AGE+\delta'_7CASH+\delta'_8LEV+\delta'_9OUTS+\varepsilon \quad (5-26c)$$

$$ROAG=\delta'_0+\delta'_1TW+\delta'_2UGOV+\delta'_3TW\times UGOV+\rho RDI+\delta'_4SIZE+\delta'_5IND+\delta'_6AGE+\delta'_7CASH+\delta'_8LEV+\delta'_9OUTS+\varepsilon \quad (5-27a)$$

$$ROAG=\delta'_0+\delta'_1TW+\delta'_2ULOC+\delta'_3TW\times ULOC+\rho RDI+\delta'_4SIZE+\delta'_5IND+\delta'_6AGE+\delta'_7CASH+\delta'_8LEV+\delta'_9OUTS+\varepsilon \quad (5-27b)$$

$$ROAG=\delta'_0+\delta'_1TW+\delta'_2GYPY+\delta'_3TW\times GYPY+\rho RDI+\delta'_4SIZE+\delta'_5IND+\delta'_6AGE+\delta'_7CASH+\delta'_8LEV+\delta'_9OUTS+\varepsilon \quad (5-27c)$$

5.3.3 实证检验结果与分析

5.3.3.1 描述性统计分析

首先,对变量进行描述性统计,见表 5 - 2。从表 5 - 2 中可以看出:(1)高管股权激励的当前价值(*CW*)、预期价值(*PW*)、总价值(*TW*)的最大值和最小值分别为 10 387.5、8.68×10^{-10},5 144.85、8.09×10^{-11},257.36、0.05,存在较大的差异。(2)公司的生产效率增长率(*PROG*)、雇员规模增长率(*EMPG*)、销售收入增长率(*SALG*)、利润增长率(*ROAG*)的最大值和最小值分别为 42.66、0.44,110.03、-53.32,101.07、-245.58,7.86、-38.39,存在较大的差异。(3)公司的技术创新投入(*RDI*)最大值和最小值分别为 7.02、0,具有较大的差异。(4)调节变量终极控制人的三个构念变量 *UGOV*、*ULOC*、*GYPY* 的最大值和最小值分别为 1、0,1、0,3、0,存在较大的区别。(5)所选择的各控制变量数值存在明显差异,证明了考察这些变量作为控制变量的必要性。

表 5-2 变量的描述性统计分析结果

变量	样本数	最小值	最大值	平均值	方差
CW	291	8.68×10^{-10}	10 387.5	1.072×10^{-9}	5.909×10^{-9}
PW	291	8.09×10^{-11}	5 144.85	2.694×10^{-11}	1.021×10^{-11}
TW	291	0.05	257.36	0.6404	101.26
RDI	291	0	7.02	0.056	0.4226
PROG	291	0.44	42.66	2.289	3.735
EMPG	291	-53.32	110.03	2.677	18.215
SALG	291	-245.58	101.07	-0.3736	18.215
ROAG	291	-38.39	7.86	0.5082	2.846
UGOV	291	0	1	0.251	0.434
ULOC	291	0	1	0.048	0.214
GYPY	291	0	3	0.433	0.778
SIZE	291	19.80	26.96	21.816	1.206
ROA	291	-14.54	41.01	6.803	9.550
OUTS	291	0.11	100	15.879	19.517
AGE	291	6	64	17.454	6.508
BEG	291	1	3	1.275	0.557
CASH	291	-0.004	19.82	4.28	5.678
LEV	291	-0.15	0.84	0.390	0.199
Valid	291	—	—	—	—

5.3.3.2 相关性分析

表 5-3 为全样本 Pearson 相关系数分析结果。从中看出,上市公司高管股权激励的当前价值(*CW*)、预期价值(*PW*)和总价值(*TW*)与生产效率增长、销售收入增长和利润增长均在 0.1 以上水平显著相关,当前价值分别与三个成长变量负相关,预期价值和总价值均为正相关。*CW*、*PW* 和 *TW* 对雇员规模增长影响不显著。高管股权激励 *CW*、*PW* 和 *TW* 三个变量对技术创新投入 *RDI* 分别呈现负向、正向和正向显著影响。技术创新投入 *RDI* 对公司成长的四个变量呈现正向的影响关系。所有控制变量与公司的生产效

率增长、雇员规模增长、销售收入增长和利润增长四个因变量都呈现出0.05以上的显著相关,说明控制变量的引入是合适的。同时,自变量与因变量之间也存在相关关系,且各个自变量之间也显著相关,这是否会导致多重共线性的存在,如果存在,消除多重共线性后,自变量对因变量的影响关系是否仍然存在,有待于接下来的检验。

5.3.3.3 回归分析

第一步,检验高管股权激励、终极控制人和高管股权激励与终极控制人的交互项对公司成长性的影响作用。初步检验了各自变量之间的多重共线性,其 *VIF* 值均在 5 以内,说明多重共线性可以接受。从表 5 - 4 看出模型(5 - 1a)至(5 - 3c)验证了终极控制人的三个变量(*UGOV*、*ULOC* 和 *GYPY*)对高管股权激励的当前价值(*CW*)、预期价值(*PW*)和总价值(*TW*)影响公司生产效率增长率(*PROG*)关系的调节作用不成立。由于高管股权激励与终极控制人交互项的系数 δ_3 均不显著,因此,说明终极控制人在高管股权激励影响公司生产效率增长率(*PROG*)关系中的调节作用不成立。同样地,从模型(5 - 7a)至(5 - 12c)的验证结果可以看出,终极控制人分别在高管股权激励影响公司销售收入增长率(*SALG*)和利润增长率(*PROG*)关系中的调节作用成立。而从模型(5 - 4a)至(5 - 6c)验证结果看出,高管股权激励与终极控制人交互项的系数 δ_3 不显著,因此,终极控制人在高管股权激励影响公司生产效率增长率和雇员规模增长率(*EMPG*)关系中的调节作用不成立。

第二步,验证高管股权激励、终极控制人和高管股权激励与终极控制人的交互项对技术创新投入的影响作用。初步检验了各自变量之间的多重共线性,其 *VIF* 值均在 5 以内,说明多重共线性可以接受。从表 5 - 5 可以看出,高管股权激励与终极控制人的交互项系数均显著。

表 5－3 Pearson 相关系数分析

	PROG	*EMPG*	*SALG*	*ROAG*	*CW*	*PW*	*TW*	*RDI*	*UGOV*	*ULOC*	*GYPY*	*SIZE*	*ROA*	*LEV*	*CASH*	*OUTS*	*AGE*	*BEG*
PROG	1																	
EMPG	0.223**	1																
SALG	0.374**	0.287**	1															
ROAG	0.023**	0.876**	0.123**	1														
CW	-0.193	-0.004	-0.265*	-0.498**	1													
PW	0.098	0.245	0.563*	0.243*	0.498**	1												
TW	0.223	0.476	0.398*	0.287*	0.265**	0.374**	1											
RDI	0.276**	0.476**	0.264**	0.386**	-0.223*	0.314*	0.347*	1										
UGOV	0.476	0.376	0.571**	0.576**	0.476**	0.654*	0.386*	0.384*	1									
ULOC	-0.376	-0.523	-0.565*	-0.231*	-0.435*	-0.876*	-0.451*	-0.467*	0.532**	1								
GYPY	0.284*	0.276	0.324**	0.572*	0.576**	0.254**	0.365*	0.465*	0.721**	0.465*	1							
SIZE	0.012**	0.03**	0.01**	0.14**	0.021*	0.015**	0.128**	0.365*	0.287*	0.976**	0.354*	1						
ROA	0.344**	-0.126*	0.142**	—	0.241*	0.326**	0.431**	2.143*	0.242**	0.425**	2.346*	0.235*	1					
LEV	—	—	—	-0.008*	0.124*	-0.057**	0.088**	-0.425**	0.126**	0.334**	0.332*	0.228*	-0.177*	1				
CASH	—	—	—	0.002	-0.011	0.010	0.031	0.243*	0.326**	0.642**	0.321*	-0.045	-0.30	-0.017	1			
OUTS	—	—	—	-0.032*	-0.032*	0.122**	-0.211**	-0.975**	0.332**	0.454**	0.364*	-0.524**	-0.124*	0.191*	0.136*	1		
AGE	0.072**	-0.138**	—	0.054*	0.023**	-0.059**	0.114*	0.425**	0.226**	0.534**	1.364*	0.125**	0.073*	0.085*	-0.083**	0.122*	1	
BEG	-0.035**	—	—	—	-0.012*	0.034**	-0.026*	-0.342*	0.333**	0.354**	0.532*	0.182**	-0.023**	0.145*	-0.025*	-0.149**	0.125*	1

注：*** 代表在 0.01 水平上显著，** 代表在 0.05 水平上显著，* 代表在 0.1 水平上显著

表 5-4　高管股权激励、终极控制人对公司成长性的回归分析

	模型 (5-1a)	模型 (5-1b)	模型 (5-1c)	模型 (5-2a)	模型 (5-2b)	模型 (5-2c)	模型 (5-3a)	模型 (5-3b)	模型 (5-3c)	模型 (5-4a)	模型 (5-4b)	模型 (5-4c)	模型 (5-5a)	模型 (5-5b)	模型 (5-5c)	模型 (5-6a)	模型 (5-6b)	模型 (5-6c)
常量	0.231*	0.131*	1.126*	2.134*	1.133*	1.152*	0.102*	1.156*	0.125*	0.789*	0.433*	0.186*	1.453*	4.529*	3.489*	2.321*	3.424*	2.351*
CW	-0.123*	-0.2050*	-0.008*	—	—	—	—	—	—	-0.018*	-0.532	-0.342	—	—	—	—	—	—
PW	—	—	—	0.012*	0.008*	0.231*	—	—	—	—	—	—	1.021	1.231	1.542	—	—	—
TW	—	—	—	—	—	—	0.161*	0.423*	0.821**	—	—	—	—	—	—	1.853*	2.476	3.698
UGOV	3.421**	—	—	2.432*	—	—	3.421**	—	—	2.578	—	—	3.324*	—	—	3.644**	—	—
ULOC	—	-3.762**	—	—	-1.352*	—	—	-2.134**	—	—	-4.321	—	—	-6.421*	—	—	-4.321	—
GYPY	—	—	3.897**	—	—	2.221*	—	—	5.432*	—	—	2.076	—	—	4.432*	—	—	4.762*
CW×*UGOV*	1.34	—	—	—	—	—	—	—	—	0.098	—	—	—	—	—	—	—	—
CW×*ULOC*	—	3.689	—	—	—	—	—	—	—	—	2.378	—	—	—	—	—	—	—
CW×*GYPY*	—	—	4.876	—	—	—	—	—	—	—	—	1.234	—	—	—	—	—	—
PW×*UGOV*	—	—	—	-2.354	—	—	—	—	—	—	—	—	-0.702	—	—	—	—	—
PW×*ULOC*	—	—	—	—	-2.548	—	—	—	—	—	—	—	—	1.231	—	—	—	—
PW×*GYPY*	—	—	—	—	—	-2.921	—	—	—	—	—	—	—	—	2.541	—	—	—
TW×*UGOV*	—	—	—	—	—	—	2.367	—	—	—	—	—	—	—	—	1.284	—	—
TW×*ULOC*	—	—	—	—	—	—	—	2.785	—	—	—	—	—	—	—	—	2.012	—
TW×*GYPY*	—	—	—	—	—	—	—	—	3.027	—	—	—	—	—	—	—	—	1.234
SIZE	0.212**	0.32*	0.121*	0.008*	0.072*	0.321	0.064*	0.082*	1.432*	1.135*	1.078*	2.432*	0.235*	1.243*	1.234	2.311*	0.231*	1.221*
ROA	1.321*	1.615*	1.541*	0.090*	0.827*	0.921*	0.743*	0.006*	0.092*	-2.01*	-1.423*	-0.974*	-1.354*	-1.533*	-1.074*	-1.41*	-1.498*	-1.724*
LEV	—	—	—	—	—	—	—	—	—	—	—	—	—	—	—	—	—	—
AGE	0.124*	0.432**	0.452**	0.032*	0.125*	0.237*	0.565*	1.374	1.372*	-0.027*	-0.018*	0.025**	-0.342*	-0.321*	-0.461*	-0.030*	-0.061*	-0.122*
OUTS	—	—	—	—	—	—	—	—	—	—	—	—	—	—	—	—	—	—
CASH	—	—	—	—	—	—	—	—	—	—	—	—	—	—	—	—	—	—
BEG	-0.543***	-0.134**	-0.135**	-0.356*	-0.435*	-0.217*	-0.432*	-0.315*	-0.567*	—	—	—	—	—	—	—	—	—
IND	控制	控制	控制	控制	控制	控制	控制	控制	控制	控制	控制	控制	控制	控制	控制	控制	控制	控制
$Adj-R^2$	0.229***	0.223***	0.292***	0.165***	0.194***	0.165***	0.146**	0.135**	0.154***	0.256***	0.321**	0.166**	0.231**	0.321**	0.298**	0.231**	0.275**	0.265**

续表

	模型 (5-7a)	模型 (5-7b)	模型 (5-7c)	模型 (5-8a)	模型 (5-8b)	模型 (5-8c)	模型 (5-9a)	模型 (5-9b)	模型 (5-9c)	模型 (5-10a)	模型 (5-10b)	模型 (5-10c)	模型 (5-11a)	模型 (5-11b)	模型 (5-11c)	模型 (5-12a)	模型 (5-12b)	模型 (5-12c)
常量	0.342*	0.425*	1.155*	2.125*	1.543*	2.172*	1.102*	0.326*	0.545*	0.233*	0.156*	0.426*	1.546*	0.654*	0.532*	0.321*	0.684*	0.786*
CW	-1.125*	-2.205*	-1.038*	—	—	—	—	—	—	-0.018*	-0.532*	-0.342*	—	—	—	—	—	—
PW	—	—	—	0.132*	0.089*	0.241*	—	—	—	—	—	—	2.021*	1.675	1.433*	—	—	—
TW	—	—	—	—	—	—	0.761*	0.478*	0.845**	—	—	—	—	—	—	1.843*	2.454*	2.443
UGOV	3.089**	—	—	5.432*	—	—	1.232**	—	—	2.342**	—	—	2.766*	—	—	6.432*	—	—
ULOC	—	-3.062**	—	—	-2.123*	—	—	-3.432*	—	—	-2.367	—	—	-4.361	—	—	-2.654*	—
GYPY	—	—	3.213**	—	—	2.543*	—	—	1.543*	—	—	1.676**	—	—	5.322**	—	—	2.543**
CW×*UGOV*	1.435**	—	—	—	—	—	—	—	—	0.982*	—	—	—	—	—	—	—	—
CW×*ULOC*	—	3.421**	—	—	—	—	—	—	—	—	2.231*	—	—	—	—	—	—	—
CW×*GYPY*	—	—	2.843**	—	—	—	—	—	—	—	—	1.209**	—	—	—	—	—	—
PW×*UGOV*	—	—	—	-2.432*	—	—	—	—	—	—	—	—	-1.232**	—	—	—	—	—
PW×*ULOC*	—	—	—	—	-2.568*	—	—	—	—	—	—	—	—	1.078*	—	—	—	—
PW×*GYPY*	—	—	—	—	—	-2.031*	—	—	—	—	—	—	—	—	2.098*	—	—	—
TW×*UGOV*	—	—	—	—	—	—	2.235*	—	—	—	—	—	—	—	—	1.013*	—	—
TW×*ULOC*	—	—	—	—	—	—	—	2.012*	—	—	—	—	—	—	—	—	2.324*	—
TW×*GYPY*	—	—	—	—	—	—	—	—	3.234*	—	—	—	—	—	—	—	—	1.156*
SIZE	0.242**	0.256*	1.674*	1.128*	1.245*	1.356	2.154*	1.282*	2.092*	0.215*	2.278*	1.234*	1.345*	1.654*	1.345**	2.125*	1.021*	1.759*
ROA	2.331*	1.115*	1.561*	0.432*	0.452*	0.942*	0.325*	0.124*	0.532*	-1.545*	-1.533*	-1.654*	-1.354*	-1.533*	-1374*	-1.231*	-1.643*	-1.432*
LEV	—	—	—	—	—	—	—	—	—	-0.134*	-0.345*	-0.351*	-0.232*	-0.155*	-0.167*	-0.876*	-1.322*	-0.356*
AGE	—	—	—	—	—	—	—	—	—	0.032*	0.125*	0.237*	0.029*	0.032**	0.030**	-0.030*	-0.131*	-0.431*
OUTS	—	—	—	—	—	—	—	—	—	-0.027*	-0.018**	0.025**	-1.245*	-2.314*	-2.141*	-2.012*	-1.354*	-1.234*
CASH	—	—	—	—	—	—	—	—	—	1.140*	1.062*	0.342*	0.142*	0.175*	0.327*	1.072*	0.235*	1.667*
BEG	—	—	—	—	—	—	—	—	—	—	—	—	—	—	—	—	—	—
IND	控制	控制	控制	控制	控制	控制	控制	控制	控制	控制	控制	控制	控制	控制	控制	控制	控制	控制
$Adj-R^2$	0.229***	0.223***	0.292***	0.165***	0.194***	0.165***	0.146**	0.135**	0.154***	0.256***	0.321**	0.166**	0.231**	0.321**	0.298**	0.231**	0.275**	0.265**

注：*** 代表在0.01水平上显著，** 代表在0.05水平上显著，* 代表在0.1水平上显著

表 5 – 5 高管股权激励、终极控制人对技术创新投入的回归分析

	模型 (5 – 13a)	模型 (5 – 13b)	模型 (5 – 13c)	模型 (5 – 14a)	模型 (5 – 14b)	模型 (5 – 14c)	模型 (5 – 15a)	模型 (5 – 15b)	模型 (5 – 15c)
常量	0.241*	0.257*	1.223*	2.048*	1.437*	2.078*	1.282*	0.359*	0.298*
CW	−0.236**	−0.481**	−0.398**	—	—	—	—	—	—
PW	—	—	—	0.121**	0.315**	0.113**	—	—	—
TW	—	—	—	—	—	—	0.142**	0.222**	0.231**
UGOV	1.286**	—	—	4.343*	—	—	21.329*	—	—
ULOC	—	−2.679**	—	—	−12.473*	—	—	19.343*	—
GYPY	—	—	0.219*	—	—	1.322*	—	—	2.489
CW × *UGOV*	2.313**	—	—	—	—	—	—	—	—
CW × *ULOC*	—	−3.431**	—	—	—	—	—	—	—
CW × *GYPT*	—	—	1.234*	—	—	—	—	—	—
PW × *UGOV*	—	—	—	1.531**	—	—	—	—	—
PW × *ULOC*	—	—	—	—	−2.432*	—	—	—	—
PW × *GYPT*	—	—	—	—	—	4.654*	—	—	—
TW × *UGOV*	—	—	—	—	—	—	5.321**	—	—
TW × *ULOC*	—	—	—	—	—	—	—	−7.421**	—
TW × *GYPT*	—	—	—	—	—	—	—	—	4.245*
SIZE	17.342**	2.043*	−4.054*	12.562**	8.561*	−8.964*	21.389**	8.653*	−7.897*
ROA	7.451*	17.153*	25.161*	12.467*	25.222*	12.467*	2.461*	24.407*	2.845*
LEV	−1.543*	−3.673*	−3.443*	−4.236*	−1.422*	−3.433*	−4.483*	−2.483*	−3.483*
AGE	0.029*	0.032**	0.030**	1.456*	4.561**	1.430**	4.541*	2.232**	0.930**
OUTS	2.029*	1.339*	2.236*	15.034*	21.241*	3.924*	12.091*	3.549*	4.584*
CASH	3.219*	3.421*	5.764*	2.029*	3.029*	6.561*	2.029*	2.423*	6.324*
CEOP	6.128*	1.498*	13.21*	2.029*	3.029*	4.284*	2.029*	5.826*	7.598*
IND	控制	控制	控制	控制	控制	控制	控制	控制	控制
YEAR	控制	控制	控制	控制	控制	控制	控制	控制	控制
$Adj-R^2$	0.229***	0.232***	0.298***	0.229***	0.232***	0.298***	0.229***	0.232***	0.298***

注：*** 表示在 0.01 水平上显著，** 代表在 0.05 水平上显著，* 代表在 0.1 水平上显著

第三步,验证高管股权激励、终极控制人、高管股权激励与终极控制人的交互项和技术创新投入对公司成长性的影响。初步检验了各自变量之间的多重共线性,其 *VIF* 值均在 5 以内,说明多重共线性可以接受。从表 5－6 中模型(5－16a)至(5－21c)的验证结果可以看出,*RDI* 在高管股权激励影响公司生产效率增长和雇员规模增长的模型中系数不显著,这说明技术创新投入在对高管股权激励影响公司生产效率增长和雇员规模增长的关系中的中介作用不存在,此时,高管股权激励与终极控制人的交互项系数不显著,这说明终极控制人的调节作用不存在。除此之外,从模型(5－22a)至(5－27c)中看出,高管股权激励的当前价值、预期价值和总价值与终极控制人的三个指标的交互项系数均不显著,同时,*RDI* 在高管股权激励影响销售收入增长和利润增长的关系中系数均显著,因此,说明此时终极控制人的调节作用存在。而且说明终极控制人的有中介的调节作用成立。表 5－6 中最后一行的 ΔR^2 值是由该表中的 $Adj-R^2$ 值减去表 4－7 中的 $Adj-R^2$ 值得到的结果,表 4－7 中的 $Adj-R^2$ 值是代表技术创新投入的中介作用模型的整体拟合程度,而表 5－6 中最后一行的 ΔR^2 值代表的是在此基础上,加入终极控制人变量后方程的拟合程度,用这两个 $Adj-R^2$ 值作差得到的结果就是终极控制人对技术创新投入路径下对高管股权激励影响公司成长性模型的贡献值,即 ΔR^2 值的含义所在。

表 5-6 高管股权激励、终极控制人、技术创新投入对公司成长性的回归分析

	模型(5-16a)	模型(5-16b)	模型(5-16c)	模型(5-17a)	模型(5-17b)	模型(5-17c)	模型(5-18a)	模型(5-18b)	模型(5-18c)	模型(5-19a)	模型(5-19b)	模型(5-19c)	模型(5-20a)	模型(5-20b)	模型(5-20c)	模型(5-21a)	模型(5-21b)	模型(5-21c)
常量	0.231*	0.131*	1.126*	2.134*	1.133*	1.152*	0.102*	1.156*	0.125*	0.789*	0.433*	0.186*	1.453*	4.529*	3.489*	2.321*	3.424*	2.351*
CW	-0.123*	-0.2050*	-0.008*	—	—	—	—	—	—	-0.018*	-0.532	-0.342	—	—	—	—	—	—
PW	—	—	—	0.012*	0.008*	0.231*	—	—	—	—	—	—	1.021	1.231	1.542	—	—	—
TW	—	—	—	—	—	—	0.161*	0.423*	0.821**	—	—	—	—	—	—	1.853*	2.476	3.698
UGOV	3.421**	—	—	2.134**	—	—	4.332*	—	—	2.578	—	—	1.234*	—	—	2.344*	—	—
ULOC	—	-3.762**	—	—	-2.345**	—	—	-2.344*	—	—	-4.321	—	—	-2.341*	—	—	2.332**	—
GYPY	—	—	3.897**	—	—	1.234**	—	—	3.421*	—	—	—	—	—	—	—	—	3.432*
CW×*UGOV*	1.012	—	—	—	—	—	—	—	—	—	—	—	—	—	—	—	—	—
CW×*ULOC*	—	2.618	—	—	—	—	—	—	—	—	—	—	—	—	—	—	—	—
CW×*GYPY*	—	—	1.253	—	—	—	—	—	—	—	—	—	—	—	—	—	—	—
PW×*UGOV*	—	—	—	-2.561	—	—	—	—	—	—	—	—	—	—	—	—	—	—
PW×*ULOC*	—	—	—	—	-3.223	—	—	—	—	—	—	—	—	—	—	—	—	—
PW×*GYPY*	—	—	—	—	—	-3.541*	—	—	—	—	—	—	—	—	—	—	—	—
TW×*UGOV*	—	—	—	—	—	—	2.517*	—	—	—	—	—	—	—	—	1.284	—	—
TW×*ULOC*	—	—	—	—	—	—	—	2.125*	—	—	—	—	—	—	—	—	2.012	—
TW×*GYPY*	—	—	—	—	—	—	—	—	1.237	—	—	—	—	—	—	—	—	1.234
RDI	0.234*	3.671**	1.391*	2.675*	3.861**	12.041*	2.351*	4.561**	4.261*	10.432	1.481	8.233	3.457	2.766	5.568*	3.245	2.124	2.986
SIZE	2.254**	2.324*	5.171*	0.238*	0.792*	5.667	0.532*	0.625*	6.782*	2.785*	1.673*	2.267*	0.112*	21.33*	12.23	2.897*	0.261*	1.761*
ROA	1.391*	5.634*	1.881*	0.680*	0.237*	0.921*	0.743*	0.361*	0.092*	-2.01*	-1.781*	-0.244*	-1.564*	-1.253*	-1.104*	-1.761*	-5.754*	8.794*
LEV	—	—	—	—	—	—	—	—	—	—	—	—	—	—	—	—	—	—
AGE	0.154*	0.472**	0.232**	0.832*	3.235*	6.277*	0.965*	1.374	1.332*	-1.037*	-0.018**	0.239**	-0.462*	-0.667*	-0.541*	-0.120*	-0.251*	-0.182*
OUTS	—	—	—	—	—	—	—	—	—	—	—	—	—	—	—	—	—	—
CASH	—	—	—	—	—	—	—	—	—	—	—	—	—	—	—	—	—	—
BEG	-2.233**	-1.544**	-3.435**	-2.456*	-4.4235*	-4.567*	-0.454*	-2.235*	-5.467*	—	—	—	—	—	—	—	—	—
IND	控制	控制	控制	控制	控制	控制	控制	控制	控制	控制	控制	控制	控制	控制	控制	控制	控制	控制
$Adj-R^2$	0.252***	0.333***	0.342***	0.367***	0.364***	0.385***	0.355**	0.343**	0.296***	0.246***	0.312**	0.265**	0.221**	0.331**	0.232**	0.342**	0.341**	0.348**
ΔR^2	0.02***	0.101***	0.11***	0.122***	0.12***	0.14***	0.073**	0.061**	0.014***	0.007***	0.073**	0.026**	0.013**	0.123**	0.024**	0.021**	0.02**	0.027**

注：*** 代表在 0.01 水平上显著，** 代表在 0.05 水平上显著，* 代表在 0.1 水平上显著

续表

	模型(5-22a)	模型(5-22b)	模型(5-22c)	模型(5-23a)	模型(5-23b)	模型(5-23c)	模型(5-24a)	模型(5-24b)	模型(5-24c)	模型(5-25a)	模型(5-25b)	模型(5-25c)	模型(5-26a)	模型(5-26b)	模型(5-26c)	模型(5-27a)	模型(5-27b)	模型(5-27c)
常量	2.231*	3.125*	3.265*	2.555*	1.593*	7.543*	1.172*	1.326*	0.545*	0.233*	0.196*	0.226*	2.556*	0.234*	0.544*	0.781*	0.123*	0.346*
CW	-1.089*	-2.277*	-1.785*	—	—	—	—	—	—	-0.418*	-0.592*	-0.282*	—	—	—	—	—	—
PW	—	—	—	1.162*	0.249*	0.541*	—	—	—	—	—	—	2.981*	1.345	1.473*	—	—	—
TW	—	—	—	—	—	—	0.781*	0.476*	1.325**	—	—	—	—	—	—	1.243*	2.874*	2.476
UGOV	1.029**	—	—	2.341**	—	—	3.231**	—	—	2.252**	—	—	1.231**	—	—	-2.165**	—	—
ULOC	—	-0.122**	—	—	-0.342**	—	—	-2.313**	—	—	-2.126	—	—	-1.234	—	—	-2.551	—
GYPY	—	—	1.153**	—	—	1.245**	—	—	1.117**	—	—	3.006**	—	—	1.235**	—	—	2.122*
CW×*UGOV*	1.213	—	—	—	—	—	—	—	—	0.232	—	—	—	—	—	—	—	—
CW×*ULOC*	—	1.341	—	—	—	—	—	—	—	—	1.981*	—	—	—	—	—	—	—
CW×*GYPY*	—	—	1.243	—	—	—	—	—	—	—	—	1.109*	—	—	—	—	—	—
PW×*UGOV*	—	—	—	-3.432	—	—	—	—	—	—	—	—	-1.452	—	—	—	—	—
PW×*ULOC*	—	—	—	—	-3.348*	—	—	—	—	—	—	—	—	1.138*	—	—	—	—
PW×*GYPY*	—	—	—	—	—	-3.831	—	—	—	—	—	—	—	—	1.295	—	—	—
TW×*UGOV*	—	—	—	—	—	—	-3165	—	—	—	—	—	—	—	—	1.073	—	—
TW×*ULOC*	—	—	—	—	—	—	—	1.541*	—	—	—	—	—	—	—	—	2.094	—
TW×*GYPY*	—	—	—	—	—	—	—	—	2.434	—	—	—	—	—	—	—	—	1.346
RDI	2.294*	3.601**	1.087*	2.675*	3.243**	12.551*	2.671*	3.251**	4.771*	4.092*	5.321*	8.233*	3.457*	2.327*	5.568*	3.674	1.094*	2.002*
SIZE	0.242**	1.986*	0.454*	1.568*	1.897*	1.347	-2.276*	1.562*	4.987*	-2.875*	2.106*	1.987*	1.325*	5.654*	1.345**	2.125*	1.021*	1.759*
ROA	2.331*	1.435*	4.561*	0.432*	3.492*	0.942*	4.356*	0.184*	0.532*	-1.545*	-1.247*	-1.874*	-1.984*	-1.593*	-1.294*	-1.881*	-1.231*	-1.113*
LEV	—	—	—	—	—	—	—	—	—	-0.134*	-0.345*	-0.351*	-0.232*	-0.155*	-0.167*	-0.876*	-1.322*	-0.356*
AGE	—	—	—	—	—	—	—	—	—	0.032*	0.125*	0.237*	0.029*	0.032**	0.030**	-0.030*	-0.131*	-0.431*
OUTS	—	—	—	—	—	—	—	—	—	-0.027*	-0.018**	0.025**	-1.245*	-2.314*	-2.141*	-2.012*	-1.354*	-1.234*
CASH	—	—	—	—	—	—	—	—	—	1.140*	1.062*	0.342*	0.142*	0.175*	0.327*	1.072*	0.235*	1.667*
BEG	—	—	—	—	—	—	—	—	—	—	—	—	—	—	—	—	—	—
IND	控制	控制	控制	控制	控制	控制	控制	控制	控制	控制	控制	控制	控制	控制	控制	控制	控制	控制
$Adj-R^2$	0.272***	0.245***	0.252***	0.275***	0.224***	0.265***	0.246**	0.235**	0.247***	0.286***	0.291**	0.336**	0.298**	0.331**	0.201**	0.223**	0.235**	0.212**
ΔR^2	0.037***	0.010***	0.017***	0.067***	0.016***	0.057***	0.039**	0.028**	0.03***	0.03***	0.031**	0.08**	0.112**	0.145**	0.015**	0.087**	0.099**	0.076**

注：*** 代表在0.01水平上显著，** 代表在0.05水平上显著，* 代表在0.1水平上显著

5.4 结果讨论

根据以上研究得出，终极控制人起到有中介的调节作用。也就是说在高管股权激励对公司成长性的四个层面均存在调节作用，但当技术创新投入中间路径存在时，由于技术创新投入仅对高管股权激励影响公司成长性的两个层面（销售收入增长和利润增长）存在中介作用，因此，终极控制人仅通过技术创新投入路径对高管股权激励影响公司成长性的这两个层面存在调节作用。与上一章得出的技术创新投入只在高管股权激励影响公司销售收入增长和利润增长的两方面存在中介作用类似，当考虑终极控制人性质因素时，得出的结论还是体现在对公司成长性的两个方面，也就是说终极控制人与高管股权激励的交互作用没有改变高管股权激励通过技术创新投入路径影响公司销售收入增长和利润增长的最终结果。根据相关系数表5－3可以看出，终极控制人性质所包括的产权性质、政府背景和金字塔层级数三方面的特征与企业雇员人数增长之间不存在相关关系，这表示企业的终极控制人性质对雇员规模的增长不具有直接的影响。虽然有研究显示，企业的产权性质、政府背景和金字塔层级与企业的劳动力需求有关，比如Boycko等人（1996）认为国有企业中政府扮演了很重要的角色，甚至参与企业的决策和经营，因此往往国有企业成了为社会消化劳动力，解决社会就业的重要机构，从而导致其雇用过多的员工，机构呈现臃肿的状态。[176] Shivakumar（2000）也认为相对于私营企业而言，国有企业往往雇用过多的员工，高额的雇用成本导致其过大的劳动力成本负担。但并没有明显的证据显示，国有企业比非国有企业在雇员规模增长方面存在明显的关系。雇员规模的增长，应该与企业所处的发展阶段、企业业务规模的增长和企业特殊的发展规划等因素有关。[177]

具体地，本章的研究得出以下结论：

第一，相对于非国有企业，国有企业高管股权总价值对通过企业技术创新投入影响公司销售收入增长和利润增长的正向作用更强。其现实意义是进一步深入挖掘高管股权激励水平通过技术创新投入影响公司销售收入和利润增长的边界条件,也就是说,对于国有企业的高管人员而言,实施股权激励所产生的对技术创新投入的积极影响作用更加明显,进而对销售收入水平和利润水平增长的积极影响作用也更强。一方面,对于国有企业管理机构而言,使其更加明确高管股权激励对公司成长性的影响作用;另一方面,对于股票市场的投资者而言,可以通过综合考虑企业产权性质因素和高管股权激励因素进行股票投资决策,因此,该结论可以为证券市场投资者提供决策依据,进而提高其决策的准确性。

第二,相对于中央控制国有企业,地方控制国有企业高管股权激励水平通过技术创新投入影响企业销售收入和利润增长性的积极作用更强。现实意义在于在上面研究的基础上,更加明确不同背景的国有企业高管股权激励通过技术创新投入影响公司销售收入增长和利润增长的程度,使不同背景的企业管理者认识到高管股权激励措施对技术创新投入以及公司销售收入增长和利润增长的不同影响作用;对于投资者而言,也可以横向比较不同背景的国有企业实施高管股权激励可能对公司成长性产生的不同影响,进而做出更加准确的决策。

第三,企业金字塔的层级越多,高管股权激励通过技术创新投入影响企业销售收入的增长性和利润增长性的作用越强,即当企业决策等级层次越多,从最高管理层到实际决策层的中间层次越多,高管股权激励通过技术创新投入影响企业销售收入的增长性和利润增长性的作用越强。进一步深入国有企业特征在高管股权激励通过技术创新投入影响企业销售收入的增长性和利润增长性模型中的作用探讨。而且对于投资者而言,同样为其提供更准确的决策依据。

5.5 本章小结

本章在第4章发现技术创新投入在高管股权激励水平影响公司的销售收入增长和利润增长两方面存在显著的中介作用,并得出技术创新投入在高管股权激励与销售收入增长的关系中和对利润增长的关系中具有部分中介作用的基础上,试图探索终极控制人的边界作用。本章在界定终极控制人的概念和内涵的基础上,分别构建了终极控制人对技术创新投入路径下的高管股权激励对公司成长性的影响模型,并应用描述性统计分析、相关性分析和回归分析,对实证结果进行验证。研究结果表明终极控制人在部分领域发挥调节作用,通过终极控制人对实施高管股权激励的上市公司范围进行限定之后,高管股权激励通过技术创新投入仍然对公司的销售收入增长和利润增长均具有显著的影响。

第6章　董事网络在高管股权激励对公司成长性影响中的调节作用

2001年以来，公司高管薪酬丑闻或者薪酬腐败问题被屡次爆出，导致其公司治理与高管薪酬的制定问题被反复提起。截至2011年底，我国A股市场上的2 314家上市公司中，独立董事人数为5 593人，却占有7 595个独立董事职位，也就是独立董事的兼职现象比较普遍。由兼职的独立董事建立起的关系网络为公司的发展提供许多必要的资源，比如退休的政府干部所提供的关系资源和政策信息资源、银行等金融机构管理人员提供的融资优势资源、会计师律师等专业人员提供的企业之间优势的经验信息资源等，这些资源对公司的未来成长将起到关键作用。因此，研究董事网络如何影响公司成长性具有一定的实践意义。

6.1　董事网络的界定及测量

6.1.1　董事网络的界定

要弄清董事网络的概念，首先需要搞清连锁董事的概念。连锁董事(Interlocking Directorate)作为企业间网络关系的一种重要形式，是指由于自然人个体在多家(至少两家)企业的董事会担任董事而形成的企业间的联系。[178]与西方国家的单一董事会制度不同，我国的公司治理机制存在着董事会、监事会和股东大会。有些学者提出公司的董事会与监事会存在职能重合的现象，但从功能上来看，监事会更多体现监视的职能，有别于董事会主要参与制定企业重要决策的职能，因此，连锁董事仅指董事会成员由于在企业之间的兼职所造成的企业之间的连锁关系。连锁董事在国外的研究已经比较多，但在我国的研究起步较晚。任兵等人（2007）针对我国收入水平较高的上市公司进行了分析，发现其中三分之一以上的公司拥有连锁董事。[179]卢昌崇等人（2009）认为我国1999—2007年A股上市公司中，平均有72.13%的企业拥有连锁董事。[180]连锁董事被看作企业之间的"边界人"，也就是游走于企业边界内外的成员。他们作为联系企业的纽带，促使拥有各自边界的企业跨越其自身的边界而紧密地联系在一起。这种联结不仅促进了企业之间的交流，也增加了彼此的信任，为企业扩展经营思路、加强企业与外部的联系提供了广泛的社会交往与联系。连锁董事作为独立的自然人，他的存在能够促进企业与外部环境之间的交流，帮助企业从外部获得有用的信息和资源，也促使企业向外部输出观念、技术以及资源以获得企业的发展，可以说连锁董事是企业大门的"守门员"，他的选择决定着企业从外部获得的资源的方向以及性质，决定着企业未来发展的机会。因此，连锁董事的角色对于企业而言是非常关键的。一般而言，充当企业连锁董事角色的人选，应该具备一定的条件：第一是个体有充分的从外部获取、选择有价值信息的意愿以及能力；第二是个体要从外界获得对于企业而言有价值的信息和资源。在企业内部，充当连锁董事角色的人选包括董事会的所有成员，也就是董事长、副董事长、董事和独立董事。

拥有连锁董事的企业就叫作连锁企业，联结这些企业之间关系网络的连锁董事就形成了连锁董事网络，也叫作董事网络。董事网络是扮演董事角色的自然人通过在企业之间的兼职而建立起的社会网络。社会网络是由直接联系、团队接触或会议等形式所形成的社会联系。根据社会网络理论，社会网络的成员被称为网络节点（Nodes），节点之间的联系被称为纽带（Ties）。纽带也就是关系，可以是有向的，也可以是无向的。在董事网络中，董事就是节点，董事之间的联结关系就是纽带。一般地，我们认为董事之间的联结关系是无向的。可以用以下社会网络关系图来表示（如图6－1和图6－2所示）。

董事网络一般指公司董事会中的董事成员以及董事成员之间由于在不同的董事会同时任职而构建起的联结关系的集合。[181]根据董事在不同董事会中的任职形式，董事网络关系可以分为直接联结关系和间接联结关系。直接联结关系即指董事个体在同一个董事会共事，即董事之间构建的就是直接的联系；间接联结关系是董事在不同董事会任职时与其他董事建立起的关系，此时董事之间的关系由公司内拓展到了公司外。董事的直接联结关系和间接联结关系共同构成了董事网络。广义地讲，董事网络的联结关系可以是由朋友关系、校友关系、老乡关系等建立起来的关系，但我们这里研究的董事网络关系仅指由董事个体在多家企业任职而构建的联结关系。要想用社会网络分析来研究董事网络的性质、程度等特征，并对董事网络程度进行量化，需要首先明确社会网络的基本概念。

1. 度数

在社会网络中，如果某两个节点是相连的，那么这两个点叫作“邻点”，网络图中每个节点的邻点的个数就是该节点的“度数”。在有向网络中，节点的度数包括点入数和点出数，点入数就是以该节点为终点的线段的数量，点出数就是以该节点为起点的线段的数量。而在无向网络中节点的度数就是与该节点相连接的线段的条数。

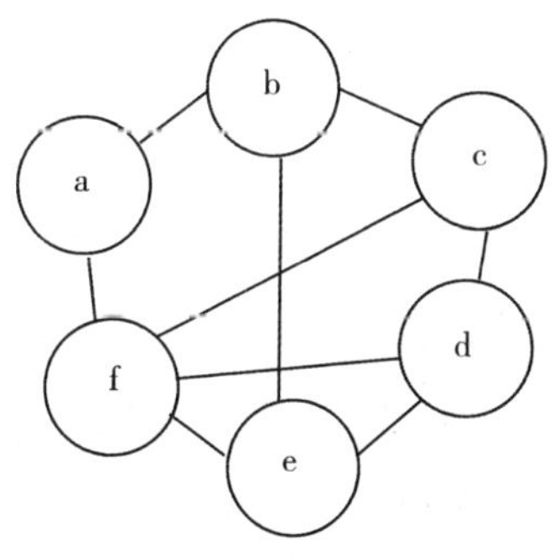

图6－1 社会网络无向图

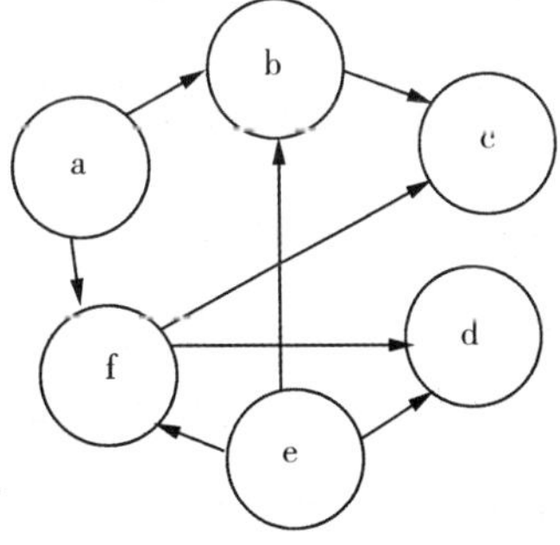

图6－2 社会网络有向图

在董事网络中，由于董事之间的联结关系都是成对出现的，也就是关系是彼此的，董事A与董事B之间的关系和董事B与董事A之间的关系是没有分别的，也就是说董事网络是没有方向的，进一步地，我们假设由董事个体间的网络关系所搭建的企业之间的关系也是无向的。因此，董事网络的点度数的计算就是与董事相连的线段的条数。

2. 密度

密度是在一个社会网络中某节点实际存在的关系数目与可能存在的最多的关系数目的比值。密度为1说明该网络中的所有节点都相连接，网络的密度为0，说明该网络中所有的节点都不相连。

3. 捷径

捷径是指网络中两个节点之间的最短路径。比如在图6－1中，节点a到节点e之间的路径有多条，包括a－b－e，a－f－d－e，a－b－c－d－e等，分别包括的线段数为3条、4条和5条，其中a－b－e为3条，为最短路径，也就是捷径。

4. 距离

两个节点之间捷径的长度就叫作两点之间的距离。比如在图6－1中，节点a到节点e的捷径为3条，也就是说距离为3；又如节点a与节点b之间最短的线段为1条，也就是距离为1。如果在一个网络中，两点之间的距离为0，则说明两个节点之间没有联系。两个节点之间的距离越长，其中间的联系节点越多，关系越间接。

6.1.2 董事网络的测量

Burt(1980)研究了较早的在美国的企业间开展的连锁董事网络与企业行为和绩效的关系。他发现，处在连锁董事网络上的企业形成了一个独特的市场，在这个市场内，连锁企业之间会对彼此的经营行为和绩效结果方面均产生影响，这缓解了企业面临的市场限制。[182]要想分析处在董事网络中的企业行为的互相影响情况，可以借助于社会网络分析的方法。社会网络分析是一种独特的研究方法，其有别于传统的定量和定性的研究，关注的是网络中行动主体的关系和关系模式数据。传统的定量研究往往关注的是个体所表现出来的特定的属性特征，它往往把个体看作是相互独立的，这样就违背了事物之间的本质的、普遍的和必然的联系;定性研究往往围绕着人们由行为的意义、动机、行为类型等表现出来的行动者的观念或意识的数据而展开,它有可能会夸大个体行为者的主观因素的影响作用。与传统的定性和定量研究相比,社会网络分析方法避免了这两种方法的不足,既适当考虑了个体行为的独立性,又不失其社会环境的研究,因此,是研究网络行动者最好的研究方法。[183]

中心性分析是社会网络分析最常见的方法,即分析个体在社会网络中的地位以及由此拥有的权利。中心性分析又分为个体中心度分析和组织中心度分析。个体中心度是指个体居于网络中心位置的程度,它反映了个体在网络中地位的重要程度。网络中每个个体都具有其自身的中心度,中心度越大的个体越说明其处在网络的中心位置。由个体的网络中心度形势构成的一个整个网络的中心度程度,叫作组织中心度,它体现的是整个网络中各个个体的中心度的差异情况。在董事网络中,每个董事均可计算出自身的董事网络中心度指标,也有由所有董事的中心度程度构成的整个网络的中心度趋势指标。根据中心度的计算方法的不同,可以把中心度分为点度中心度、中介中心度和接近中心度。点度中心度是指在一个社会网络中与某个节点有直接联系的节点的数目。它代表了某个网络的集中趋势,点度中心度假设某个节点与其他节点都直接相连时说明它处在中心的地位。中介中心度是用来描述一个行动者处于其他两个行动者之间的路径上的情况,它认为当一个行动者处于两个行动者之间的路径上时,其具有影响和控制其他行动者的能力,反映了行动者掌控资源的程度。接近中心度揭示行动者与其他行动者直接相连的情况,如果一个点通过比较短的路径与其他点相连,则称其接近中心度较高。对于一个网络而言,如果其接近中心度越高,越说明网络中节点的差异越大。

对于董事网络中心度的计算,我们借鉴 Freeman、Wasserman 及谢德仁提出的计算方法,分别求以下三个指标:

点度中心度:$D_a = \dfrac{\sum_b X_{ba}}{t-1}$

其中：a 代表某董事；b 代表 a 之外的其他董事；X_{ba}代表董事 a 和董事 b 的联结关系，1 代表二者在一个或一个以上的董事会共事，0 代表没有共事。t 代表董事会人数，一般地，上市公司在不同年份中的董事会人数的数量不尽相同，我们用$(t-1)$来消除规模差异。点度中心度代表董事与其他董事直接联结关系的数量，它反映在董事网络中单个董事的活跃程度，但它没有考虑非直接联结关系的数量。

$$\text{中介中心度：Betweenness}_i = \frac{\sum_{b<c} \frac{t_{bc(n_a)}}{t_{bc}}}{\frac{(t-1)(t-2)}{2}}$$

其中：t_{bc} 是董事 b 与董事 c 之间联结的最短的途径数，$t_{bc(n_a)}$ 是董事 b 与董事 c 之间捷径的数量，$\frac{\sum_{b<c} t_{bc(n_a)}}{t_{bc}}$ 代表在董事网络中所有最短途径中有董事 a 的程度；t 代表上市公司当年董事的人数，$(t-1)(t-2)/2$ 为消除不同年份上市公司董事人数的规模差异。中介中心度反映了董事处在其他董事之间关系中的数量，即某个董事控制其他董事关系的能力，某个董事在其他董事关系中的最短途径越多，说明该董事的地位越重要，控制其他董事的能力越强。

$$\text{接近中心度：} C_a = \left[\frac{\sum_{b=1}^{t} e_{a,b}}{t-1}\right]^{-1}$$

其中：$e_{a,b}$为董事 a 到董事 b 的距离。如果某个董事不与其他董事相连，则计算方法参见 Lins 等人(2011)的。[184] 接近中心度反映某个董事在整个董事网络中与其他所有董事的关系数，即与其他董事的潜在关系数。它反映了某个董事与其他董事非直接相连但是最短路径的数量，它反映某个董事不受他人控制的程度。

三个中心度指标各自反映了董事网络关系的某个方面，为综合考察上市公司的董事网络关系，我们选择了综合三个指标的方法即采用三个中心度的平均数指标作为每个董事的网络中心度指标。通常情况下企业的网络中心度会以每个董事网络中心度的中位数或最大值计算上市公司董事网络中心度指标，其中中位数反映某个上市公司董事网络中心度的平均水平，而最大值反映了上市公司董事网络中地位最重要的董事网络的情况。本书采取中位数指标来最终反映企业的董事网络中心度。计算过程分三步：首先在董事会数据库中搜集所有上市公司的每位董事的个人信息，根据年份列出董事－董事关系矩阵，并计算每位董事的点度中心度、中介中心度和接近中心度指标的中位数；其次，分别计算每个上市公司的点度中心度、中介中心度和接近中心度指标的中位数；最后，计算每个上市公司的点度中心度、中介中心度和接近中心度指标的中位数的平均数，再将三个平均数进行平均，即得到每个上市公司的董事网络中心度值。

6.2 董事网络的调节作用的理论分析

6.2.1 第一阶段调节作用的理论分析

资源依赖理论认为组织需要通过获取环境中的资源来维持生存，组织无法自给的资源，都要与环境进行交换。资源依赖理论认为董事会成员将决定组织从环境中获取资源的边界。[185]董事网络是关于企业实践、企业战略、企业的契约、新的商业机会以及一般的经营信息的重要信息渠道。连锁董事可以为具有联结关系的连锁企业提供必要的资源和信息，连锁企业之间不仅能通过连锁董事搭建供应商、客户和竞争对手等渠道，同时可以从连锁企业获得宝贵的经营经验和技术信息，同时连锁企业之间可以彼此互通战略信息，保证企业及时做出调整，适应环境的变化；另外，连锁企业间可以进行有效的资源共享，打破企业内资源供应的约束，实现资源的最优配置的同时，为企业节约资源成本。[186]

董事会成员中的独立董事一般为高校教授、会计和法律职业人士、其他公司管理层等，其专业的背景和经验能够为公司提供很多专业的信息和知识。比如在技术方面，能够为企业提供核心技术信息；在市场方面，能够为企业提供市场需求与发展变化的信息；在国家政策方面，能够为企业提供国家发展规划的信息和政策导向的信息等；在投融资方面，能够为企业提供信用评价、投融资方式选择、投融资渠道的获取、金融市场信息披露等方面的专业意见；在企业内部管理方面，能够为企业提供互相借鉴学习的机会，比如公司激励薪酬计划的制定，股权政策的制定等。独立董事往往为公司执行者或者董事会提供所需的法律意见，帮助公司降低经营风险和经营成本，进而确保公司绩效的提升和持续的发展。董事会兼具了公司治理与战略管理双项职能。根据委托代理理论，董事会即委托人，作为企业重要决策制定者，在整个公司的治理体系中处于核心地位，是公司治理的核心机构；同时，董事会还是企业战略的制定者，肩负着监督、管理与选任高管的重任，是企业管理的最高执行机构。因此，董事会存在着治理与管理的双重性质。本书所研究的高管薪酬激励中的对象的范围包括了董事长、副董事长、总经理、CEO、首席执行官、执行总裁等角色。董事会特征对其制定包括部分自身成员在内的高管薪酬激励政策的影响自然是存在的，因为不同的董事会特征会决定董事会的不同行为决策，进而影响其对高管薪酬激励政策的制定。

董事网络反映了董事会成员在其他企业兼职情况所构成的关系网络，这一关系网络决定了企业董事会成员从外部吸取有用信息和资源，有助于企业进行各项政策的改革。尤其是当董事处于整个网络的中心地位时，其获得资源就更加容易。Hwang 和 Kim(2009)以美国的《财富》杂志公布的世界 100 强企业为样本，研究其从 1996 年到 2005 年间，董事会特征对公司高管薪酬水平的影响，结果发现当董事会成员与公司的 CEO 存在某种联系时，比如由来自同一个故乡、毕业于同一所学校、具有相同或类似的服兵役背景等原因造成具有共同的爱好与经历或培养良好的个人关系，这种关系会促进高管薪酬水平的提高，以及带来公司绩效的下降；同时，研究发现，董事会的独立性与高管的离职率成反比，并通过影响审计委员会的决策提高企业 CEO 的薪酬水平。[187]陈运森、谢德仁(2012)认为公司的独立董事中心度与高管薪酬 - 业绩敏感性成正比。[188]

公司董事网络中心度越高,代表董事在不同企业之间的兼职或联结关系越复杂,其在不同企业之间的联结越多,信息传递的机会与渠道就越多,连锁企业能够互相借鉴学习的机会也就越多,高管薪酬计划不合理的企业就越有动机向先进的企业学习,效仿先进企业的情况就会越多见,合理的薪酬激励方式会导致企业获得更高的员工工作效率。Belloc(2012)认为未来的技术创新研究应该着重于多维度公司治理因素综合影响的考察,比如将薪酬方案、董事会治理等因素进行细致分解深入探讨。[189]

综合上述研究,高管股权激励方式包括股票期权计划、限制性股票期权和股票增值权三种。从高管人员承担的风险来看,股票期权计划的权利与义务并不对等。因为等待期满后,在行权期内高管人员有权利实行购买股票的权利,也可以当股价下跌至行权价格以下时,放弃行权,因此,不需要承担行权的义务。当企业的业绩水平下跌时,高管自身的利益也不会受到损失或惩罚,因此也不需要承担任何风险。而限制性股票期权是在高管满足公司业绩要求时拥有公司的股票,此后公司业绩的起伏导致的股价的变化,会直接影响持有股权的高管自身的利益。因此,高管承担着公司股价下降所带来的风险。股票增值权主要依靠所获得的规定数量的股票价格的上升来计算持股高管的收益,因此,高管需要承担公司的股票价格变化的风险。根据这三种不同的高管股权激励方式,限制性股票期权和股票增值权对高管人员努力提高公司的股票价格具有较大的激励作用,也就是说这两种股权激励方案会促使高管努力提高公司的股票价格,而股票期权激励计划对公司的股票价格没有显著的影响。董事网络程度会促进连锁公司彼此效仿学习更加有效的管理方式。在资金条件允许,而且管理者秉持着先进的管理理念的公司,会更倾向于向产生了良好的激励绩效的公司效仿和学习,学习其有效的激励和调动员工积极性的管理手段与方法,尤其是有效调动高管人员的积极性的管理手段。根据以往的研究,公司薪酬的激励作用越强,越会激励高管通过技术创新投入来获得企业的发展,而创新投入规模越大,越会推动企业的成长。

另外有证据显示,董事网络程度与公司的成长性有关。Kim 等人

(2008)试图验证社会资本对公司董事的选择、董事会的结构以及董事治理效率的影响。他们将董事之间的关系往来看作董事内部资本,将董事与外部利益相关者之间的关系看作董事的外部资本。研究表明,董事内部资本水平越高,其通过加强董事之间的信任与合作、提高董事选拔质量越有利于企业提高财务绩效水平;董事的外部资本水平越高,其获得额外的信息或与外部企业获得共赢的好处将越多,因此,就提高企业的财务绩效水平。[190]而Larcker等人(2010)研究发现公司董事网络中心度越高,未来的市场绩效就越高、未来资产收益率也越大[191]。因此我们有以下假设:

假设6.1.1:董事网络中心度越高的公司采取的高管股权激励方式越有利于公司增加技术创新投入,进而提高公司的生产效率。

假设6.1.2:董事网络中心度越高的公司越会通过高管股权激励方式的转变来增强对高管增加技术创新投入的影响,进而提高公司的生产效率。

假设6.1.3:董事网络中心度越高的公司采取的高管股权激励方式越有利于公司增加技术创新投入,进而提高公司的雇员规模。

假设6.1.4:董事网络中心度越高的公司越会通过高管股权激励方式的转变来增强对高管增加技术创新投入的影响,进而提高公司的雇员规模。

假设6.1.5:董事网络中心度越高的公司采取的高管股权激励方式越有利于公司增加技术创新投入,进而提高公司的销售收入水平。

假设6.1.6:董事网络中心度越高的公司越会通过高管股权激励方式的转变来增强对高管增加技术创新投入的影响,进而提高公司的销售收入水平。

假设6.1.7:董事网络中心度越高的公司采取的高管股权激励方式越有利于公司增加技术创新投入,进而提高公司的利润水平。

假设6.1.8:董事网络中心度越高的公司越会通过高管股权激励方式的转变来增强对高管增加技术创新投入的影响,进而提高公司的利润水平。

6.2.2 第二阶段调节作用的理论分析

公司治理机制对企业技术创新投入行为之间的关系的研究由来已久。

一般集中在股权结构、董事会特征和控制权市场。[192]分散的股权结构(Dispersed Ownership)与上市公司技术创新投入水平正相关,是因为分散的股权结构增加了管理的柔性与专业化,从管理和工艺流程两个方面同时影响公司的技术创新投入以及转化的水平;Boyd 等人(2011)认为集中的股权结构与上市公司技术创新呈非线性关系(Nonlinear Relationship)。[193]公司的股权集中度反映公司权利的分配情况,它体现了公司最高决策机构的复杂程度以及决策程序的简易性。股权集中度是否影响企业的技术创新投入水平,主要取决于决策者的创新意愿。如何提高决策者的技术创新投入的意愿,通常可以从两个方面进行研究:一个是董事会成员个人拥有与技术创新有关的资源和能力,另一个就是来自于企业的要求和监督。董事会成员拥有的人力资本和关系资本为企业提供技术创新所需要的资源和条件。这些资源可以为企业与外部技术创新主体建立联系,提供专业性的指导意见和建议,建立外部学习的机会并保持与外部的联系,提升企业的公众形象,等等。这些资本能够显著地影响 R&D 投入,提高技术创新效率。[194]合理的董事会结构是对经营者合理经营行为监督的基础,尤其是来自外部董事的监督。董事会是企业进行技术创新投入的决策者,有效的董事会结构是企业进行技术创新投入的决定性因素。Podsakoff 等人(2003)认为追求自身利益最大化的管理者会尽量减少技术创新投入,这样就会降低公司股东的价值。[195]研究者们也提出,为了确保股东的长期利益,激励管理层加大技术创新投入,需要加强董事会对经营者的监督作用,弱化管理者的机会主义行为。[117]更有学者提出应尽量雇用较多的外部董事以加强对管理层的监督,进而加强企业有利于股东长期价值的技术创新投入行为。[187]

从以上的研究中我们发现,现有的研究都是从单一的治理结构出发研究其对企业技术创新的影响。有的学者指出单一治理机制会因存在使用过度而对经济效率产生负面的影响,应该结合不同的治理机制才能达到最优的治理效率。Hoskisson 等人(2009)也提出创新的产生不仅取决于社会资本的密度、网络和层级关系,还取决于社会资本的质量。董事会结构反映了董事会中不同类型董事的组合比例,比如董事长、执行董事、非执行董事的组合比例，或者董事长、副董事长、董事和独立董事的组合比例。[196]结合人力资本和社会资本理论，不同类型的董事组合结构能够给公司提供的人力资本和关系资本有所不同，其代表的企业的社会资本的质量也有所不同。

根据社会网络理论，Granovetter（1973）[197]提出了联结强度的概念，他认为企业或者个人之间根据互动的频率、感情力量、亲密程度和互惠交换关系构成不同强度的联结关系，即强联结和弱联结。强联结往往是联系比较紧密，是具有相似特征个体之间的联系，其产生的信息往往是冗余的；而弱联结是群体之间的联结，它跨越不同的信息源充当了信息桥。因此，弱联结之间的个体更加利于信息的传递。他认为弱联结往往在企业之间充当信息桥的角色，原因是弱联结在企业或个人之间建立起了纽带关系，而且弱联结便于产生差异化有价值的信息也确保其在不同的个人和企业之间进行信息传递的必要性；强联结往往由于来自于同一个企业或者组织内部，其产生的信息价值有所下降。公司的董事会成员一般分为执行（内部）董事和非执行（独立）董事。由于内部董事均来自于同一家公司的管理层，因此，通过工作、开会等正式的和非正式的场合接触的机会比较多，接触的时间也比较长，互动的频率也较为频繁，自然容易建立起较为亲密和信任的关系，彼此之间进行信息的交流以及互惠行为也比较可能。因此，这样就构成了强联结关系。独立董事通常来自于企业外部，一般由高校教师、会计专业人员、法律专业人员、行会的管理人员和其他公司的高级管理人员担当。他们与公司的互动主要是通过定期的开会或特定活动等形式完成，接触的频率低，时间短，与公司内部人员之间的关系也较为生疏，互惠交换的程度也较低，因此，独立董事与公司的内部董事构成了弱联结关系，公司的独立董事之间构成的也是弱联结关系。但内部董事之间构建的强联结关系由于成员的相对稳定和背景的相近，所以其给公司提供的信息、知识和资源具有同质性的特征，在参与企业的治理决策时往往会出现“信息冗余”，不便于企业产生新的技术。而对于知识背景、经验水平等与企业内部董事完全不同的独立董事而言，他们掌握的信息和知识与公司具有很大的异质性，便于企业进行知识和信息的多元化与差异化更新，因此会在董事网络中充当信息“桥”的功能。[198] Bruner(2004)认为公司的董事网络不仅可以提供关于其他企业潜在的经营目标,而且可以降低企业寻求技术合作等活动的搜寻成本,从而促进公司的技术创新活动。[199] 董事网络代表企业董事在其他企业间兼职的程度,拥有越密集董事网络的企业和董事越有机会为更多的企业提供新的知识和信息,越有利于企业进行技术创新投入、开展技术创新活动,技术创新活动有利于企业的成长。

假设6.2.1 董事网络中心度越高,越促进公司投入更多的技术创新投入,进而提高公司的生产效率。

假设6.2.2 董事网络中心度越高,越促进公司投入更多的技术创新投入,进而提高公司的雇员规模。

假设6.2.3 董事网络中心度越高,越促进公司投入更多的技术创新投入,进而提高公司的销售收入水平。

假设6.2.4 董事网络中心度越高,越促进公司投入更多的技术创新投入,进而提高公司的利润水平。

6.3 董事网络的调节作用的实证检验

6.3.1 样本选择与数据来源

与第3章的样本选择和数据来源类似,本章通过锐思数据库、国泰安数据库和上市公司的年度财务报告,选取了2006年1月1日到2012年12月31日宣布实施高管股权激励计划的A股上市公司数据作为样本,并将金融保险类公司、存在数据缺失的公司以及在统计期内有ST或PT事件的公司剔除。最终,本书得到样本公司291家,共涉及18个行业,横跨7个年份。

6.3.2 变量定义与模型的构建

6.3.2.1 变量定义

根据上文的研究,在我国实施的高管股权激励方式有股票期权、股票期股、限制性股票期权和股票增值权四种方式。根据上文的分析，限制性股票期权通过将企业的绩效或上市公司在股票市场的表现与高管的收益紧密相连，而表现出最强的激励性，因此，本书假设限制性股票期权是激励作用最强的股权激励方式，而其他三种同属于接近的激励水平。因此，笔者将四种激励方式根据其激励性就分为两类，用 *COMP* 代表公司采取的高管股权激励方式，0 代表股票期权、股票期股和股票增值权三种激励水平较低的股权激励方式，1 代表限制性股票期权这种激励性较高的激励方式。*GROU* 代表公司在不同时期的薪酬激励方式的差异，0 代表公司的薪酬激励方式没有变化，1 代表公司的薪酬激励方式有变化。值得说明的是，表 6 - 1 中的高管股权激励方式的两个测量变量均属于 0 或 1 的类别变量，在数据检验中，将高管股权激励方式的两个类别变量作为自变量进行回归分析，同时对董事网络中心度作为调节变量进行交互作用分析，这种 0 或 1 类别变量作为自变量的回归分析与其他变量作为自变量进行回归分析在数据处理方式上没有区别，类别变量作为自变量进行回归主要体现随着自变量数值的增加（由 0 增加到 1）对因变量的影响程度发生了哪些变化，也就是说类别变量作为自变量的回归分析也体现有这一项和没有这一项对因变量的不同影响。再进一步地，当加入调节变量时，其与类别变量的交互项也仍然能够反映出有自变量与调节变量的交互项和没有自变量与调节变量的交互项对因变量的不同影响，也反映出对因变量的影响趋势。因此，类别变量可以作为正常的自变量进行回归分析处理。

表 6 - 1　变量定义表

变量名称	变量符号	变量说明	文献依据
被解释变量			
生产效率增长率	*PROG*	年均主营业务收入/总成本变化率	Pandit, et al, 2011[102]
雇员规模增长率	*EMPG*	年均人员数量变化率	Jermann, et al, 2007[97]
销售收入增长率	*SALG*	年均销售收入变化率	Demirel, et al, 2012[103]
利润增长率	*ROAG*	年均资产净收益率增长率	Sougiannis, 1994[104]

续表

变量名称	变量符号	变量说明	文献依据
科研强度	*RDI*	R&D 支出/营业收入	罗婷，等,2009[154]
高管股权激励方式	*COMP*	0 代表股票期权、股票期股和股票增值权,1 代表限制性股票期权	Fracassi, et al, 2012[203]
激励方式转变	*GROU*	0 代表激励方式未转变,1 代表激励方式有转变	Fracassi, et al, 2012[203]
董事网络中心度	*CEN*	根据上面公式计算	Lins,et al, 2011[184]
控制变量			
公司规模	*SIZE*	lg(公司总资产)	Okamuro, Zhang, 2006[105]
公司绩效	*ROA*	实施股权激励前三年总资产收益率均值	徐宁, 2013[106]
行业	*IND*	属于某行业为 1,否则为 0	Bartelsman, Doms, 2000[107]
公司所在地区	*BEG*	属于某地区为 1,否则为 0	Battese, 1995[108]
现金持有水平	*CASH*	营运现金/总资产	Hanlon, et al,2003[112]
负债水平	*LEV*	总负债额/总资产额	Steensma, Corley, 2001[109]
两职合一	*CEOP*	1 代表两职合一,0 代表否	Wu, Tu, 2007[117]
独立董事比例	*OUTS*	独立董事人数占董事会人数的比例	Mansury, 2008[110]
年份	*YEAR*	公司该年份时,赋值为 1,否则为 0	Okamuro, Zhang,2006[105]
成立时间	*AGE*	公司成立的年数	徐宁, 2013[106]

6.3.2.2 建立模型

本章董事网络对高管股权激励和技术创新投入分别发挥了调节作用，因此属于两阶段的调节模型，也叫混合模型[200]，即在一个研究中，同时包含了有中介的调节和有调节的中介模型，而且起到调节作用的变量相同。根据 Little 等人(2007)提出的分析有调节的中介模型和检验步骤如下[201]：

第一步，检验高管股权激励、董事网络中心度和高管股权激励与董事网络中心度的交互项对公司成长性的影响作用。检验高管股权激励的系数 δ_1 和交互项的系数 δ_3。

$$PROG = \delta_0 + \delta_1 COMP + \delta_2 CEN + \delta_3 COMP \times CEN + \delta_4 SIZE + \delta_5 ROA + \delta_6 IND + \delta_7 AGE + \delta_8 BEG + \varepsilon \quad (6-1a)$$

$$PROG = \delta_0 + \delta_1 GROU + \delta_2 CEN + \delta_3 CROP \times CEN + \delta_4 SIZE + \delta_5 ROA + \delta_6 IND + \delta_7 AGE + \delta_8 BEG + \varepsilon \quad (6-1b)$$

$$EMPG = \delta_0 + \delta_1 COMP + \delta_2 CEN + \delta_3 COMP \times CEN + \delta_4 SIZE + \delta_5 ROA + \delta_6 IND + \delta_7 AGE + \varepsilon \quad (6-2a)$$

$$EMPG = \delta_0 + \delta_1 GROU + \delta_2 CEN + \delta_3 GROU \times CEN + \delta_4 SIZE + \delta_5 ROA + \delta_6 IND + \delta_7 AGE + \varepsilon \quad (6-2b)$$

$$SALG = \delta_0 + \delta_1 COMP + \delta_2 CEN + \delta_3 COMP \times CEN + \delta_4 SIZE + \delta_5 ROA + \delta_6 IND + \varepsilon \quad (6-3a)$$

$$SALG = \delta_0 + \delta_1 GPOU + \delta_2 CEN + \delta_3 GPOU \times CEN + \delta_4 SIZE + \delta_5 ROA + \delta_6 IND + \varepsilon \quad (6-3b)$$

$$ROAG = \delta_0 + \delta_1 COMP + \delta_2 CEN + \delta_3 COMP \times CEN + \delta_4 SIZE + \delta_5 IND + \delta_6 AGE + \delta_7 CASH + \delta_8 LEV + \delta_9 OUTS + \varepsilon \quad (6-4a)$$

$$ROAG = \delta_0 + \delta_1 GROU + \delta_2 CEN + \delta_3 GROU \times CEN + \delta_4 SIZE + \delta_5 IND + \delta_6 AGE + \delta_7 CASH + \delta_8 LEV + \delta_9 OUTS + \varepsilon \quad (6-4b)$$

第二步，验证高管股权激励、董事网络中心度和高管股权激励与董事网络中心度的交互项对技术创新投入的影响作用。检验高管股权激励的系数 η_1 与董事网络交互项的系数 η_3。

$$RDI = \eta_0 + \eta_1 COMP + \eta_2 CEN + \eta_3 COMP \times CEN + \eta_4 SIZE + \eta_5 ROA + \eta_6 LEV + \eta_7 CASH + \eta_8 IND + \eta_9 YEAR + \eta_{10} CEOP + \eta_{11} OUTS + \varepsilon \quad (6-5a)$$

$$RDI = \eta_0 + \eta_1 GROU + \eta_2 CEN + \eta_3 GROU \times CEN + \eta_4 SIZE + \eta_5 ROA + \eta_6 LEV + \eta_7 CASH + \eta_8 IND + \eta_9 YEAR + \eta_{10} CEOP + \eta_{11} OUTS + \varepsilon \quad (6-5b)$$

第三步，检验高管股权激励、技术创新、董事网络中心度、高管股权激励与董事网络中心度交互项以及技术创新投入与董事网络中心度交互项对公司成长性的影响。检验技术创新投入的系数 ρ_1 和技术创新与董事网络中心度的交互项的系数 ρ_2。

$$PROG = \delta_0^{'} + \delta_1^{'} COMP + \delta_2^{'} CEN + \delta_3^{'} COMP \times CEN + \rho_1 RDI + \rho_2 CEN \times RDI + \delta_4^{'} SIZE + \delta_5 ROA + \delta_6 IND + \delta_7 AGE + \delta_8 BEG + \varepsilon \quad (6-6a)$$

$$PROG = \delta_0^{'} + \delta_1^{'} GROU + \delta_2^{'} CEN + \delta_3^{'} GROU \times CEN + \rho_1 RDI + \rho_2 RDI \times CEN + \delta_4^{'} SIZE + \delta_5 ROA + \delta_6^{'} IND + \delta_7^{'} AGE + \delta_8^{'} BEG + \varepsilon \quad (6-6b)$$

$$EMPG = \delta_0^{'} + \delta_1^{'} COMP + \delta_2^{'} CEN + \delta_3^{'} COMP \times CEN + \rho_1 RDI + \rho_2 RDI \times CEN + \delta_4^{'} SIZE + \delta_5 ROA + \delta_6^{'} IND + \delta_7^{'} AGE + + \varepsilon \quad (6-7a)$$

$$EMPG = \delta_0^{'} + \delta_1^{'} GROU + \delta_2^{'} CEN + \delta_3^{'} GROU \times CEN + \rho_1 RDI + \rho_2 RDI \times CEN + \delta_4^{'} SIZE + \delta_5^{'} ROA + \delta_6^{'} IND + \delta_7^{'} AGE + \varepsilon \quad (6-7b)$$

$$SALG = \delta_0^{'} + \delta_1^{'} COMP + \delta_2^{'} CEN + \delta_3^{'} COMP \times CEN + \rho_1 RDI + \rho_2 RDI \times CEN + \delta_4^{'} SIZE + \delta_5^{'} ROA + \delta_6^{'} IND + \varepsilon \quad (6-8a)$$

$$SALG = \delta_0^{'} + \delta_1^{'} GROU + \delta_2^{'} CEN + \delta_3^{'} GROU \times CEN + \rho_1 RDI + \rho_2 RDI \times CEN + \delta_4^{'} SIZE + \delta_5^{'} ROA + \delta_6^{'} IND + \varepsilon \quad (6-8b)$$

$$ROAG = \delta_0^{'} + \delta_1^{'} COMP + \delta_2^{'} CEN + \delta_3^{'} COMP \times CEN + \rho_1 RDI + \rho_2 RDI \times CEN + \delta_4^{'} SIZE + \delta_5 IND + \delta_6^{'} AGE + \delta_7^{'} CASH + \delta_8^{'} LEV + \delta_9^{'} OUTS + \varepsilon \quad (6-9a)$$

$$ROAG = \delta_0^{'} + \delta_1^{'} GROU + \delta_2^{'} CEN + \delta_3^{'} GROU \times CEN + \rho_1 RDI + \rho_2 RDI \times CEN + \delta_4^{'} SIZE + \delta_5 IND + \delta_6^{'} AGE + \delta_7^{'} CASH + \delta_8^{'} LEV + \delta_9^{'} OUTS + \varepsilon \quad (6-9b)$$

检验结果如果是：(1) $\delta_1 \neq 0$，$\delta_3 = 0$ (2) $\eta_1 \neq 0$ 且 $\rho_2 \neq 0$，或者 $\eta_3 \neq 0$ 且 $\rho_1 \neq 0$，至少一组结果成立。则混合模型属于有调节的中介模型，技术创新投入就是有调节的中介变量。

检验结果如果是：(1) $\delta_3 = 0$，(2) $\eta_3 \neq 0$ 且 $\rho_1 \neq 0$，则混合模型是有中介的调节模型。

6.3.3 实证检验结果与分析

6.3.3.1 描述性统计分析

首先，对变量进行描述性统计，见表 6－2。从表 6－2 中可以看出：(1)高管股权激励方式(*COMP*)和方式的转变(*GROU*)的最大值和最小值分别为1、0，1、0，存在较大的差异。(2)公司的生产效率增长率(*PROG*)、雇员规模增长率(*EMPG*)、销售收入增长率(*SALG*)、利润增长率(*ROAG*)的最大值和最小值分别为42.66、0.44，110.03、－53.32，101.07、－245.58，7.86、－38.39，存在较大的差异。(3)公司的技术创新投入(*RDI*)最大值和最小值分别为7.02、0，具有较大的差异。(4)调节变量董事网络中心度(*CEN*)最大值和最小值分别为0.332、0，存在较大的区别。(5)所选择的各控制变量数值存在明显差异，证明了考察这些变量作为控制变量的必要性。

表 6－2 变量的描述性统计分析结果

变量	样本数	最小值	最大值	平均值	方差
COMP	291	0	1	0.467	0.501
GROU	291	0	1	0.065	0.249
RDI	291	0	7.02	0.056	0.4226
PROG	291	0.44	42.66	2.289	3.735
EMPG	291	－53.32	110.03	2.677	18.215
SALG	291	－245.58	101.07	－0.3736	18.215
ROAG	291	－38.39	7.86	0.5082	2.846
CEN	291	0	0.332	0.167	0.152
COMP	291	0	1	0.467	0.501
GROU	291	0	1	0.065	0.249
SIZE	291	19.80	26.96	21.816	1.206

续表

变量	样本数	最小值	最大值	平均值	方差
ROA	291	-14.54	41.01	6.803	9.550
OUTS	291	0.11	100	15.879	19.517
AGE	291	6	64	17.454	6.508
BEG	291	1	3	1.275	0.557
CASH	291	-0.004	19.82	4.28	5.678
LEV	291	-0.15	0.84	0.390	0.199
Valid	291	—	—	—	—

6.3.3.2 相关性分析

表6-3为全样本Pearson相关系数分析结果。从中看出，上市公司高管股权激励方式（*COMP*）和方式的转变（*GROU*）与销售收入增长和利润增长均在0.1以上水平正向显著相关；*COMP*和*GROU*与雇员规模增长不显著；*COMP*对生产效率增长具有显著正向影响，而*GROU*对生产效率增长没有显著影响。高管股权激励方式（*COMP*）和方式的转变（*GROU*）对技术创新投入*RDI*呈现正向显著影响。技术创新投入*RDI*对公司成长的四个变量呈现正向的影响关系。董事网络中心度对雇员规模增长未呈现显著影响，对生产效率增长、销售收入增长和利润增长均在0.1以上水平正向显著相关，所有控制变量与公司的生产效率增长、雇员规模增长、销售收入增长和利润增长四个因变量都呈现出0.05以上的显著相关，说明控制变量的引入是合适的。同时，自变量与因变量之间也存在相关关系，且各个自变量之间也显著相关，这是否会导致多重共线性的存在，如果存在，消除多重共线性后，自变量对因变量的影响关系是否仍然存在，有待于接下来的检验。

表 6-3 Pearson 相关性分析

	PROG	EMPG	SALG	ROAG	COMP	GROU	CEN	RDI	SIZE	ROA	LEV	CASH	OUTS	AGE	BEG
PROG	1														
EMPG	0.783**	1													
SALG	0.373**	0.457**	1												
ROAG	0.123**	0.236**	0.326**	1											
COMP	0.145**	0.274*	0.276**	0.476**	1										
GROU	0.123	0.675	0.123**	0.098**	0.643**	1									
CEN	0.475*	0.043	0.476*	0.165	0.475*	0.476*	1								
RDI	0.356**	0.356**	0.493**	0.326**	-0.245*	0.444*	0.362*	1							
SIZE	0.242**	0.453**	0.432**	0.543**	0.431*	0.475**	0.238**	0.485*	1						
ROA	0.254**	-0.178*	0.762**	—	0.451*	0.441**	0.461**	0.433*	0.487*	1					
LEV	—	—	—	-0.008*	0.124*	-0.057**	0.088**	-0.425**	-0.865*	0.976*	1				
CASH	—	—	—	0.002	-0.011	0.010	0.031	0.243*	-0.332*	0.39**	1.234*	1			
OUTS	—	—	—	-0.032*	-0.082*	0.122**	-0.211**	-0.975**	-0.032*	0.542**	-0.251**	-0.344**	1		
AGE	0.072**	-0.138**	—	0.054*	0.023**	-0.059**	0.114*	0.425**	-0.482*	0.167**	-0.232	-0.052*	0.765*	1	
BEG	-0.035**	—	—	—	-0.012*	0.034**	-0.026*	-0.342*	-0.023*	0.042**	-0.208**	-0.003**	0.498*	0.287*	1

注：*** 代表在 0.01 水平上显著，** 代表在 0.05 水平上显著，* 代表在 0.1 水平上显著

6.3.3.3 回归分析

第一步,检验高管股权激励、董事网络中心度和高管股权激励与董事网络中心度的交互项对公司成长性的影响作用,检验结果如表6-4所示。各模型的 *VIF* 值均在5以内,因此多重共线性程度可以接受。从模型(6-2a)和(6-2b)可以看出,董事网络中心度对公司雇员规模增长影响不显著;检验高管股权激励方式对公司生产效率增长具有显著的正向影响。从模型(6-3a)和(6-3b)的检验结果可以看出,高管股权激励方式的转变对公司生产效率的增长没有显著的影响,高管股权激励方式及其转变对雇员规模增长影响不显著。从模型(6-4a)至(6-4b)模型检验结果可以看出董事网络对销售收入增长和利润增长均显著。高管股权激励与董事网络交互项的系数均显著影响公司生产效率的增长、销售收入的增长和利润的增长,而对雇员规模的增长没有显著的影响。

表6-4 高管股权激励、董事网络对公司成长性的回归分析

	模型(6-1a)	模型(6-1b)	模型(6-2a)	模型(6-2b)	模型(6-3a)	模型(6-3b)	模型(6-4a)	模型(6-4b)
常量	0.102*	0.175*	0.125*	0.135*	0.133*	0.122*	0.102*	0.146*
COMP	0.153*	—	0.210	—	1.265**	—	0.128**	—
GROU	—	0.002	—	0.986	—	2.376**	—	0.211*
CEN	1.264*	2.365*	0.023	0.163	0.289*	0.141**	0.201*	1.321**
CEN×*COMP*	3.245	—	-0.413	—	1.315*	—	2.145*	—
CEN×*GROU*	—	2.154	—	1.287	—	1.543*	—	4.214*
SIZE	0.282**	0.015*	0.060*	0.451*	0.712*	2.541	2.761*	1.003*
ROA	0.121*	0.178*	0.151*	0.265*	0.018*	2.321*	1.424*	0.263*
LEV	-0.072*	-0.212**	-0.240**	0.375**	-0.065*	-0.062*	-0.075*	-0.067*
AGE	-0.134*	-1.029**	-1.035**	2.256*	-0.782*	-0.325*	3.207	2.454
OUTS	0.027	0.026	0.025	0.025	0.029	-0.027	-0.027	0.025

续表

	模型 (6-1a)	模型 (6-1b)	模型 (6-2a)	模型 (6-2b)	模型 (6-3a)	模型 (6-3b)	模型 (6-4a)	模型 (6-4b)
CASH	—	—	—	—	—	—	—	—
BEG	-0.035*	-0.231*	—	—	—	—	—	—
IND	控制	控制	控制	控制	控制	控制	控制	控制
YEAR	控制	控制	控制	控制	控制	控制	控制	控制
$Adj-R^2$	0.142***	0.153***	0.262***	0.165***	0.125***	0.168***	0.138**	0.182**

注：*** 代表在 0.01 水平上显著，** 代表在 0.05 水平上显著，* 代表在 0.1 水平上显著

第二步，验证高管股权激励、董事网络中心度和高管股权激励与董事网络中心度的交互项对技术创新的影响作用。各模型的 *VIF* 值均在 5 以内，因此多重共线性程度可以接受。检验高管股权激励对 *RDI* 的影响系数均显著，与董事网络交互项的系数也均显著影响 *RDI*。

表 6-5　高管股权激励、董事网络对技术创新投入的回归分析

	模型(6-5a)	模型(6-5b)
常量	1.212*	1.329*
COMP	2.217**	—
GROU	—	1.245**
CEN	—	—
CEN×COMP	2.341*	—
CEN×GROU	—	3.421*
SIZE	1.251**	0.234*
ROA	0.679*	0.163*
LEV	-1.025*	-2.274*
AGE	0.129*	0.251**
OUTS	-2.341*	-2.879*
CASH	1.287*	5.123*
BEG	-0.029***	-0.025**

续表

	模型(6－5a)	模型(6－5b)
IND	控制	控制
YEAR	控制	控制
$Adj-R^2$	0.149***	0.142***

注：*** 代表在0.01水平上显著，** 代表在0.05水平上显著，* 代表在0.1水平上显著

第三步，检验高管股权激励、技术创新、董事网络中心度、高管股权激励与董事网络中心度交互项以及技术创新投入与董事网络中心度交互项对公司成长性的影响。从表6－6可以看出，各模型的 *VIF* 值均在5以内，因此多重共线性程度可以接受。检验技术创新的系数 ρ_1 和技术创新与董事网络中心度的交互项的系数 ρ_2。从模型(6－6a)和(6－6b)可以看出，高管股权激励的方式及方式的转变对生产效率的增长具有正向显著影响。从模型(6－7a)和(6－7b)可以看出，高管股权激励的方式及方式的转变对雇员规模的增长均不具有显著影响。从模型(6－8a)至(6－9b)可以看出，高管股权激励的方式及方式的转变对销售收入的增长和利润的增长均具有正向显著影响。技术创新投入(*RDI*)及其与董事网络的交互项(*CEN*×*RDI*)对公司生产效率增长、销售收入增长和利润增长均具有正向显著影响。

根据以上结果以及上文的判断标准，模型(6－1a)至(6－4b)中，高管股权激励方式对生产效率增长、销售收入增长和利润增长的影响系数均显著，且不等于0。同时高管股权激励方式与董事网络的交互项系数也不等于0，因此，此混合模型属于有中介的调节模型。假设6.1.1、假设6.1.2、假设6.1.5—6.1.8和假设6.2.1、假设6.2.3—6.2.4得到了验证。其中 ΔR^2 值为本表 $Adj-R^2$ 值减去表6－4中的 $Adj-R^2$ 值所得，即代表董事网络在技术创新投入路径下高管股权激励影响公司成长性模型中的贡献值。

表6-6　高管股权激励、董事网络、技术创新及其交互项对公司成长性的回归分析

	模型 (6-6a)	模型 (6-6b)	模型 (6-7a)	模型 (6-7b)	模型 (6-8a)	模型 (6-8b)	模型 (6-9a)	模型 (6-9b)
常量	1.152*	1.135*	0.341*	0.785*	1.236*	1.012*	0.305*	0.650*
COMP	0.256*	—	0.237	—	1.221**	—	1.768**	—
GROU	—	0.002*	—	0.986	—	2.376**	—	0.211*
CEN	1.264*	2.365*	0.023	0.163	0.289*	0.141**	0.201*	1.321**
CEN × *COMP*	3.215*	—	-0.593	—	1.265*	—	2.355*	—
CEN × *GROU*	—	2.124*	—	1.157	—	1.293*	—	1.434*
RDI	2.376*	3.765*	2.387	3.812	2.387*	3.765*	3.213*	1.286*
CEN × *RDI*	1.786*	3.365*	1.276	0.543	1.286*	2.387*	1.981	2.765*
SIZE	1.312**	0.015*	0.236*	0.151*	0.242*	2.291	2.091*	1.033*
ROA	0.251*	0.138*	0.271*	0.125*	0.278*	1.651*	2.324*	0.373*
LEV	-0.172*	2.376*	-1.248**	0.368**	-0.325*	-0.132*	-0.495*	-0.237*
AGE	-2.164*	-1.329**	-1.475**	2.256*	-0.782*	-0.325*	3.207	2.454
OUTS	0.027*	1.326*	0.215*	2.685*	0.179*	-3.127	-1.567*	3.121
CASH	1.276	-0.212*	0.483*	3.476*	32.465*	-4.87*	22.47*	3.765*
BEG	-0.035*	-0.231*	—	—	—	—	—	—
IND	控制	控制	控制	控制	控制	控制	控制	控制
YEAR	控制	控制	控制	控制	控制	控制	控制	控制
$Adj-R^2$	0.202***	0.233***	0.302***	0.235***	0.245***	0.308***	0.245**	0.237**
ΔR^2	0.06***	0.08***	0.04**	0.07***	0.12***	0.14***	0.107**	0.055**

注：*** 代表在0.01水平上显著，** 代表在0.05水平上显著，* 代表在0.1水平上显著

6.4 结果讨论

根据以上验证结果，董事网络对技术创新投入路径下的高管股权激励方式影响公司生产效率增长、销售收入增长和利润增长关系的调节作用存在，而对技术创新投入路径下的高管股权激励方式影响公司雇员规模增长关系的调节作用不存在。

公司通过利用董事网络关系为其提供的有效的信息资源，促进了公司选择合理的高管股权激励方式以及从低效的股权激励方式向高效激励方式的转化，从而加强了高管股权薪酬方式的激励作用，进而影响高管进行技术创新投入的水平，但最终并未对公司雇员规模的增长产生显著的影响。根据本书第 3 章的研究结果，我们得知高管股权激励水平（当前价值、预期价值和总价值）对公司成长性的两个方面——生产效率增长和雇员规模增长影响不显著，而对销售收入增长和利润增长存在显著的影响。再根据第 4 章的研究，我们发现技术创新投入中介作用的存在，导致高管股权激励水平（当前价值、预期价值和总价值）对公司生产效率增长、销售收入增长和利润增长呈现显著影响，也就是说，技术创新投入的中介路径的存在，导致原本高管股权激励不显著影响的生产效率的增长变成了显著影响，原本显著影响的销售收入增长和利润增长仍为显著影响。本章试图探寻并验证董事网络对整个模型的调节作用，结果发现董事网络的调节作用存在于两个阶段中，即董事网络—高管股权激励方式—技术创新投入—公司成长性和董事网络—技术创新投入—公司成长性。最终验证结果体现出董事网络在两个阶段均存在调节作用，但只是对公司成长性的三个方面体现，也就是在董事网络的调节作用下，高管股权激励方式及方式的转变通过技术创新投入影响公司的生产效率增长、销售收入增长和利润增长。在第 3 章和第 4 章研究结果和讨论的基础上，只需进一步探讨董事网络作为边界条件是如何成立的。首先，探讨在研究高管股权激励对公司成长性的影响机理时，为什么将董事网络作为调节变量，而不是自变量。由于董事网络关系的研究起步较晚,概念的提出在1985年(Granovetter),对董事网络的相关理论研究也比较有限,我国社会素有"关系型社会"之称,再加上在我国目前上市公司之间董事互相兼职现象越加明显,所以研究董事网络对公司治理的影响或通过公司治理给企业的经营带来哪些变化是很值得探讨的话题,但我国学术界近两年才逐步有董事网络的相关研究。而且在这些研究中,关于董事网络对公司的市场绩效和财务绩效的影响的文章并不缺乏,但研究发现,董事网络与公司的绩效之间并不存在直接的关系,主要是通过董事网络所能够为公司提供的信息和资源,以及对公司内部治理的影响来影响企业的绩效,对公司生产效率的影响作用也大多通过对高管薪酬和高管的风险意识等途径实现。[202]因此,将董事网络看作调节变量而不是自变量。其次,探讨董事网络作为调节变量的实践意义。在董事网络—高管股权激励方式—技术创新投入—公司成长性这条调节路径中,董事网络的作用主要体现在对高管股权激励方式的影响上。董事网络对高管薪酬水平和薪酬方式的影响,主要体现在两个方面:第一是通过董事之间互相兼职加强了公司董事专业背景和能力进而提高其监督力度,削弱高管的决策权,因此,高管的薪酬水平和激励薪酬方式的选择均会受到制约[77];第二是董事网络会加强企业之间的相互信息传递和学习,因此,影响其高管薪酬方式的学习与转变[81]。在董事网络—技术创新投入—公司成长性的作用路径上,董事网络是企业之间进行信息互通和学习的桥梁,它的存在可以促进企业的R&D合作关系网和技术创新网的构建,因此,使得企业之间进行技术创新合作和开发成为可能。另外有研究显示,董事网络之间的社会连带关系与其投资的方向和投资的水平具有一定的关系,而且这些有联系的企业投资收益更高。[203]

同样地,根据第3章和第4章的研究,我们发现,通过技术创新投入路径,高管股权激励对公司的雇员规模的增长不存在显著影响,本章在此基础上,从社会网络分析理论出发,探讨了由于公司通过共有董事所建立的网络——董事网络对技术创新投入路径下高管股权激励影响公司成长性的影响机理,也就是加入董事网络因素后,高管股权激励对公司成长性的影响是否可以得到更加宽泛的结果。但实际结果显示,即使加入董事网络这个新的边界条件,也未能使得高管股权激励对雇员规模的增长产生显著的影响。这与目前已有的研究结果基本一致。董事网络与企业雇员规模的增长没有直接的关系。由于董事网络的研究比较晚,因此,关于董事网络与企业规模或员工规模的研究比较少见。相关的研究主要是针对个体社会网络资源对个体的离职或流失行为的影响,比如 Mitchell 等人(2001)在研究员工社会网络与员工离职的关系时,提出了"工作嵌入"的概念,并指出员工在其所在的社会网络中所处的位置直接决定其离职行为。[204] Feeley 等人(2008)在研究社交网络对员工流失行为的影响发现沟通网络程度中心度高的人不容易离职,而接近中心度和中介中心度高的易导致员工的离职行为。[205]

本章的研究结果显示,公司所处的董事网络位置通过两个途径影响公司的成长性。一是董事网络中心度会促进高管股权激励方式的转变,进而影响其技术创新投入的水平,最终影响公司的雇员规模的提高、销售收入水平的提高和利润水平的提高;二是公司所处的董事网络中心度越高,越促进公司进行更多的技术创新投入,进而提高公司的雇员规模增长、销售收入增长和利润增长的水平。两方面结论的现实意义体现在:第一,明确了公司所处董事网络位置作为高管股权激励方式影响公司成长性的边界条件。即当上市公司独立董事通过在其他公司兼职所建立起的关系网络越复杂时,公司高管股权激励方式越合理,进而对公司雇员规模增长、销售收入增长和利润增长的水平的影响作用也越大。此结论为公司的管理者通过拓展董事网络手段提高企业的成长性提供了合理的依据。第二,明确了公司的董事网络位置通过技术创新投入影响公司成长性的边界作用。即公司越靠近董事网络中心的位置,其通过技术创新投入影响公司雇员规模增长、销售收入增长和利润增长的幅度越大。该结论同样为公司管理层通过拓展董事网络和技术创新投入水平实现公司的成长提供理论依据。

另外,在本章的研究中,我们发现高管股权激励方式的转变对生产效率的增长不具有显著影响,而高管股权激励方式对生产效率的增长具有显著影响。分析原因有可能是企业之间通过董事网络关系的存在,导致信息互相传递由此互相学习,高管股权激励方式的转变也是在此基础上。但我们发现股权激励方式的转变方向并不确定，比如在本书的192个研究样本中，共有45家企业存在股权激励方式转变的现象，其中有的企业从股票期权计划转变成股票期股计划，也有的是股票期权或者股票期股计划转变成限制性股票计划，还有的企业是股票期股或期权计划转变成股票增值权计划。根据本书的设计除了限制性股票期权的激励作用比较大之外，其他三种激励计划的激励作用都较小。但在本章中高管股权激励方式的转变只是虚拟变量，即有变化为1，没有变化为0，在有变化的企业中，如何变化是直接决定其薪酬激励作用的很重要的因素，也因此会导致对公司生产效率增长的影响。因为激励作用的大小直接影响高管的风险投资行为，进而影响技术创新投入的水平以及生产效率的提高。因此，高管股权激励方式的转变对生产效率的增长的影响不显著。

6.5 本章小结

本章在第4章验证了技术创新投入在高管股权激励水平显著影响公司生产率增长、销售收入增长和利润水平增长中的中介作用基础上，进一步探索董事网络对技术创新路径下高管股权激励方式及方式的转变对公司成长性的影响的调节作用。在构建董事网络在技术创新投入路径下高管股权激励方式对公司成长性的影响模型的基础上，通过社会网络分析、描述性统计分析、相关性分析和回归分析方法，对实证结果进行检验。研究结果表明，董事网络调节作用的发挥借助了技术创新的中间路径。研究发现，高管股权激励方式、高管股权激励方式与董事网络的交互项通过技术创新投入对生产效率增长、销售收入增长和利润增长具有显著的正向影响，而高管股权激励方式的转变、高管股权激励方式转变与董事网络的交互项通过技术创新投入对销售收入增长和利润增长具有显著的正向影响。

结　　语

本书通过文献研究和理论分析建立了研究结构模型，即以高管股权激励水平和方式作为影响高管风险态度的原因，作为出发点，研究其对公司成长性的直接影响，再对高管风险态度如何影响公司的技术创新投入进行分析，探索高管股权激励水平如何通过技术创新投入影响公司的成长性，然后再对终极控制人影响技术创新投入路径下的高管股权激励水平影响公司成长性的调节作用进行分析，最后对董事网络影响技术创新投入路径下的高管股权激励方式和方式转变进而影响公司成长性的调节作用进行探索，最终揭示了高管股权激励影响公司成长性的内在机理。本书在以下方面进行了研究：首先，高管股权激励的总价值对公司的成长性呈正向显著影响，在综合考虑高管股权激励的当前价值和预期价值的得失的基础上，高管股权激励的总价值会激发高管的风险态度，以确保其进行有价值的投资探索从而达到提高公司销售收入和利润水平的目的。其次，技术创新投入作为中介因素影响高管股权激励的总价值对公司销售收入和利润的增长。再次，终极控制人的产权性质因素、政府背景和金字塔层级正向调节技术创新投入路径下的高管股权激励的总价值对销售收入和利润水平的增长的影响。最后，董事网络中心度正向调节技术创新投入路径下的高管股权激励方式及方式的转变对公司销售收入和利润增长的影响。

本书的主要研究结论及创新点如下：

（1）本书在理论分析基础上提出了揭示高管股权激励影响公司成长性的模型，在揭示二者直接关系的基础上，建立了涵盖技术创新投入、终极控制人和董事网络因素在内的高管股权激励影响公司成长性的完整过程和全因素研究结构模型，将契约理论的内容进行了拓展。

(2)本书从价值工程理论出发，将高管股权激励的当前价值、预期价值和总价值概念引入高管股权激励的研究中，并构造了反映公司成长性的维度——生产效率增长、雇员规模增长、销售收入增长和利润增长，试图完整地阐述高管股权激励水平和方式对公司成长性的影响。本书的研究结果丰富了契约理论的内容，并进一步精确了契约理论的适用范围。

(3)根据高管股权激励水平对高管风险态度的不同影响，构建了技术创新投入路径下的高管股权激励影响公司成长性的分析模型，检验了高管股权激励水平通过技术创新投入路径对公司成长性的影响效应。契约理论并没有讨论高管股权激励水平如何通过技术创新投入影响公司的成长性，本书的研究丰富了契约理论的内容。

(4)构建了终极控制人对技术创新投入路径下的高管股权激励影响公司成长性的调节作用模型，检验了技术创新投入路径下的高管股权激励影响公司成长性的边界条件。本书从反映终极控制人特征的三个方面(产权性质、政府背景和金字塔层级)考察了终极控制人技术创新投入路径下高管股权激励影响公司成长性的模型中的调节作用。验证了其部分调节作用的存在，进一步丰富了契约理论的内容。

(5)构建了董事网络对技术创新投入路径下的高管股权激励影响公司成长性的调节作用模型，检验了技术创新投入路径下的高管股权激励影响公司成长性的另一个边界条件。本书从社会资本角度出发，对由于公司董事之间互相兼职所形成的网络会为公司带来不同的社会资本来研究其对高管股权激励影响公司成长性的调节作用。

由于条件所限，本书研究还存在以下不足：

(1)在高管股权激励影响公司成长性的路径方面还需要进一步研究。本书只探索了技术创新投入路径下高管股权激励对公司成长性的影响，也许存在其他的中间路径。因此，需要探讨其他路径对高管股权激励影响公司成长性的中介作用。

(2)本书关于高管股权激励形式的研究主要集中在股票期权、股票期股、限制性股票和股票增值权四种形式,在公司经营中,还存在管理层收购等其他形式的股权激励模式,以后还可以在此方面进一步展开研究。

(3)本书只选择了2006年以后的上市公司中实施股权激励计划的公司进行研究,样本数比较有限,而且我国的市场还不算成熟,对于上市公司股权激励采取的措施仍处在初级阶段,还存在很多不规范的操作,在以后的研究中,应该尽量避免这些干扰项对研究产生的影响。

未来研究内容的展望:

(1)针对不同类型的企业样本中呈现出的高管股权激励水平和方式影响公司成长的不同侧面分别进行深入的探讨。本书发现,对于不同行业的企业而言,高管股权激励水平和方式通过技术创新投入影响公司成长性的情况存在很大的差异,比如计算机、通信、电子、装备制造等行业的企业由于比较重视技术创新活动,因此,其通过技术创新路径影响公司成长性的趋势就比较明显;但对于服务、新闻传播等行业的企业的技术创新活动并不活跃,其通过技术创新实现对公司成长的影响就不明显。因此,在未来的研究中,可以针对不同行业的特征深入研究高管股权激励水平和方式对公司成长性的影响。

(2)探究高管股权激励影响公司成长性的其他中介路径。根据上面的分析,针对不同类型的企业,高管股权激励影响公司成长性的过程会存在不同的中间路径,比如履行社会责任因素等。

(3)本书只是选择不同的股权激励方式研究其对公司成长性的不同影响,未来的研究可以深入研究每种股权激励方式影响公司成长性的不同侧面的内在机理。

参考文献

[1]杨慧辉，葛文雷，程安林. 股票期权激励计划的披露与经理的机会主义行为[J]. 华东经济管理，2009，23(3)：117-123.

[2]JENSEN M C, MECKLING W H. Theory of the Firm: Managerial Behavior, Agency Costs and Ownership Structure[J]. Journal of Financial Economics, 1976, 3(4): 305-360.

[3]MEHRAN H. Executive Compensation Structure, Ownership, and Firm Performance[J]. Journal of Financial Economics, 1995, 38(2): 163-184.

[4]STULZ R. Managerial Control of Voting Rights: Financing Policies and the Market for Corporate Control[J]. Journal of financial Economics, 1988, 20: 25-54.

[5]CORE J E, LARCKER D F. Performance Consequences of Mandatory Increases in Executive Stock Ownership[J]. Journal of Financial Economics, 2002, 64(3): 317-340.

[6]TZIOUMIS K. Why do Firms Adopt CEO Stock Options? Evidence from the United States[J]. Journal of Economic Behavior and Organization, 2008, 68(1): 100-111.

[7]SINGH M, DAVIDSON W N. Agency Costs, Ownership Structure and Corporate Governance Mechanisms[J]. Journal of Banking and Finance, 2003, 27(5): 793-816.

[8]谢德仁，陈运森. 业绩型股权激励、行权业绩条件与股东财富增长[J]. 金融研究，2010，(12)：99-114.

[9]MARTIN G, GOMEZ-MEJIA L, WISEMAN R. Executive Stock Options as Mixed Gambles: Revisiting The Behavioral Agency Model[J]. Academy of Management Journal, 2013,56(2): 451 -472.

[10]HALL B J, MURPHY K J. The Trouble with Stock Options[J]. The Journal of Economic Perspectives, 2003,17(3): 49 -70.

[11]RAPP M S , SCHALLER P, WOLFF, M. Stock-Based Incentives: Design and Implications for Firm Performance[C]. Award at the 7th International Conference on Corporate Governance at Birmingham Business School in June, 2009.

[12]KUANG Y F, QIN B. Performance-Vested Stock Options and Interest Alignment[J]. The British Accounting Review, 2009, 41(1): 46 -61.

[13]BRYAN S, HWANG L, LILIEN S. CEO Stock-Based Compensation: An Empirical Analysis of Incentive-Intensity, Relative Mix, and Economic Determinants[J]. The Journal of Business, 2000, 73(4): 661 -693.

[14]CORE J, GUAY W. The Use of Equity Grants to Manage Optimal Equity Incentive Levels[J]. Journal of Accounting and Economics, 1999, 28(2): 151 -184.

[15]CORE J E, GUAY W R. Stock Option Plans for Non-Executive Employees [J]. Journal of Financial Economics, 2001, 61(2): 253 -287.

[16]ALESSANDRI T M , LANDER D M , BETTIS R A. Strategic Implications of Valuation: Evidence from Valuing Growth Options[J]. Advances in Strategic Management, 2007, 24(24): 459 -484.

[17]BETTIS C, BIZJAK J, COLES J, et al. Stock and Option Grants with Performance-Based Vesting Provisions [J]. Review of Financial Studies, 2010, 23(10): 3849 -3888.

[18]CADMAN B , CARTER M E. Compensation Peer Groups and Their Relation with CEO Pay[J]. Journal of Management Accounting Research, 2014, 26(1): 57 -82.

[19] GOMPERS P, LERNER J. The Use of Covenants: An Empirical Analysis of Venture Partnership Agreements[J]. Journal of Law and Economics, 1996, 39(2): 463-498.

[20] 李维安，苏启林. 股权投资与企业高管双重激励的实证研究[J]. 暨南学报(哲学社会科学版), 2013, 35(9): 44-49.

[21] 李维安，张国萍. 经理层治理评价指数与相关绩效的实证研究[J]. 经济研究, 2005(11): 87-98.

[22] MCKELVIE A, WIKLUND J. Advancing Firm Growth Research: A Focus on Growth Mode Instead of Growth Rate[J]. Entrepreneurship Theory and Practice, 2010, 34(2): 261-288.

[23] AUDRETSCH D B, COAD A, SEGARRA A. Firm Growth and Innovation [J]. Small Business Economics, 2014, 43(4): 743-749.

[24] 吴清津，陈涛. 中国企业持续成长的内外机制探究[J]. 现代经济探讨, 2000(7): 26-28.

[25] 朱和平，王韬. 论现代企业成长的内在机制[J]. 江南大学学报(人文社会科学版), 2003, 2(2): 54-57.

[26] LANG L, OFEK E, STULZ R M. Leverage, Investment, and Firm Growth [J]. Journal of Financial Economics, 1996, 40(1): 3-29.

[27] CLARYSSE B, WRIGHT M, VELDE E V D. Entrepreneurial Origin, Technological Knowledge, and the Growth of Spin-Off Companies[J]. Journal of Management Studies, 2011, 48(6): 1420-1442.

[28] DELMAR F, DAVIDSSON P, GARTNER W B. Arriving at the High-Growth Firm[J]. Journal of Business Venturing, 2003, 18(2): 189-216.

[29] EISENHARDT K M, SCHOONHOVEN C B. Organizational Growth: Linking Founding Team, Strategy, Environment, and Growth Among U. S. Semiconductor Ventures, 1978-1988[J]. Administrative Science Quarterly, 1990, 35(3): 504-529.

[30] HAMILTON R T, SHERGILL G S. The Relationship Between Strategy-Structure Fit and Financial Performance in New Zealand: Evidence of Generality and Validity with Enhanced Controls[J]. Journal of Management Studies, 1992, 29(1): 95-113.

[31] ARDISHVILI A, CARDOZO R N, HARMON B, et al. Towards a Theory of New Venture Growth[J]. Journal of Business Research, 1998, 36(95): 37-50.

[32] HESKETT J L, SASSER W E, SCHLESINGER L A. The Value Profit Chain: Treat Employees Like Customers and Customers Like Employees[M]. New York: Free Press, 2003: 22-34.

[33] BROWN T J, MOWEN J C, DONAVAN D T, et al. The Customer Orientation of Service Workers: Personality Trait Effects on Self-and Supervisor Performance Ratings[J]. Journal of Marketing Research, 2002, 39(1): 110-119.

[34] HOMBURG C, MÜLLER M, KLARMANN M. When Does Salespeople's Customer Orientation Lead to Customer Loyalty? The Differential Effects of Relational and Functional Customer Orientation[J]. Journal of the Academy of Marketing Science, 2011, 39(6): 795-812.

[35] MURPHY K J. Executive Compensation[J]. Handbook of Labor Economics, 1999(3): 2485-2563.

[36] HIMMELBERG C P, HUBBARD R G, PALIA D. Understanding the Determinants of Managerial Ownership and the Link between Ownership and Performance[J]. Journal of Financial Economics, 1999, 53(3): 353-384.

[37] GUIDRY F, LEONE A J, ROCK S. Earnings-based Bonus Plans and Earnings Management by Business-Unit Managers[J]. Journal of Accounting and Economics, 1999, 26(1): 113-142.

[38] MORCK R, SHLEIFER A, VISHNY R W. Management Ownership and

Market Valuation: An Empirical Analysis[J]. Journal of financial Economics, 1988, 20(1): 293-315.

[39]魏刚. 高级管理层激励与上市公司经营绩效[J]. 经济研究, 2000(3): 32-39.

[40]杜兴强, 王丽华. 高层管理当局薪酬与上市公司业绩的相关性实证研究[J]. 会计研究, 2007(1): 58-65.

[41]BERLE A A, MEANS G C. The Modern Corporation and Private Property[M]. Macmillan Co., 1933: 12-15.

[42]FRIEDMAN E, JOHNSON S, MITTON T. Propping and Tunneling[J]. Journal of Comparative Economics, 2003, 31(4): 732-750.

[43]PORTA R L, LOPEZ-DE-SILANES F, SHLEIFER A, et al. Legal Determinants of External Finance[J]. Journal of Finance, 1997, 52(3): 1131-1150.

[44]卢闯. 掏空、公司治理与盈余质量[J]. 科学决策, 2009(8): 27-31.

[45]JENSEN M C, MURPHY K J. Performance Pay and Top-Management Incentives[J]. Journal of Political Economy, 1990, 98(2): 225-264.

[46]林毅夫, 李志赟. 政策性负担、道德风险与预算软约束[J]. 经济研究, 2004(2): 17-27.

[47]DENIS D K, MCCONNELL J J. International Corporate Governance[J]. The Journal of Financial and Quantitative Analysis, 2003, 38(1): 1-36.

[48]BHIDE A. The Hidden Costs of Stock Market Liquidity[J]. Journal of Financial Economics, 1993, 34(1): 31-51.

[49]HEMMER T, KIM O, VERRECCHIA R E. Introducing Convexity into Optimal Compensation Contracts[J]. Journal of Accounting and Economics, 1999, 28(3): 307-327.

[50]JOHANSSON A, GRANT J E, KIM S W, et al. Risk Factors for Problematic Gambling: A Critical Literature Review[J]. Journal of Gambling Studies, 2009, 25(1): 67-92.

[51] DAHYA J, DIMITROV O, MCCONNELL J J. Dominant Shareholders, Corporate Boards, and Corporate Value: A Cross-Country Analysis[J]. Journal of Financial Economics, 2008, 87(1): 73-100.

[52] 刘新民，王垒，吴士健. 总经理更替、管理层持股与高管团队重组：基于上市公司的实证[J]. 技术经济与管理研究，2011(5): 55-59.

[53] MALLETTE P, FOWLER K L. Effects of Board Composition and Stock Ownership on the Adoption of "Poison Pills"[J]. Academy of Management Journal, 1992, 35(5): 1010-1035.

[54] 张同全. 企业人力资本产权论[M]. 北京：中国劳动社会保障出版社，2003: 35-57.

[55] 李维安，徐业坤，宋文洋. 公司治理评价研究前沿探析[J]. 外国经济与管理，2011, 33(8): 57-65.

[56] HAMBRICK D C. The Field of Management's Devotion to Theory: Too Much of a Good Thing? [J]. Academy of Management Journal, 2007, 50(6): 1346-1352.

[57] CARPENTER J. Punishing Free-Riders: How Group Size Affects Mutual Monitoring and the Provision of Public Goods[J]. Games and Economic Behavior, 2007, 60(1): 31-51.

[58] GRANOVETTER M. Getting A Job: A Study of Contacts and Careers[M]. Chicago: University of Chicago Press, 1995: 121-135.

[59] LIN N. A Network Theory of Social Capital[J]. The Handbook of Social Capital, 2008, 50: 69.

[60] BEBCHUK L A, FRIED J M. Executive Compensation as an Agency Problem[J]. The Journal of Economic Perspectives, 2003, 17(3): 71-92.

[61] 陈清泰. 国家股东应成为推进公司治理积极力量[J]. 中国科技产业，2004(3): 37.

[62] 谌新民，刘善敏. 上市公司经营者报酬结构性差异的实证研究[J]. 经济研究，2003(8): 55-63.

[63] COHEN D A, DEY A, LYS T Z. Real and Accrual-Based Earnings Management in the Pre-and Post-Sarbanes-Oxley Periods[J]. The Accounting Review, 2008, 83(3): 757-787.

[64] 王化成，佟岩．控股股东与盈余质量：基于盈余反应系数的考察[J]．会计研究，2006(2)：66-74.

[65] KOTHARI S P, LEONE A J, WASLEY C E. Performance Matched Discretionary Accrual Measures[J]. Journal of Accounting and Economics, 2005, 39(1): 163-197.

[66] ROYCHOWDHURY S. Earnings Management through Real Activities Manipulation[J]. Journal of Accounting and Economics, 2006, 42(3): 335-370.

[67] PERRY S, GRINAKER R. The Relationship between Earnings Goals and Expenditures for Repairs and Maintenance[J]. Journal of Applied Business Research, 2011, 11(4): 58-64.

[68] SAUNILA M, UKKO J, RANTANEN H. Innovation Capability and its Measurement in Finnish SMEs[J]. Practice-Based Innovation: Insights, Applications and Policy Implications, 2012: 417-435.

[69] 李增福，郑友环，连玉君．股权再融资、盈余管理与上市公司业绩滑坡：基于应计项目操控与真实活动操控方式下的研究[J]．中国管理科学，2011，19(2)：49-56.

[70] DEVERS C E, MCNAMARA G, WISEMAN R M, et al. Moving Closer to the Action: Examining Compensation Design Effects on Firm Risk[J]. Organization Science, 2008, 19(4): 548-566.

[71] LARRAZA-KINTANA M, WISEMAN R M, GOMEZ-MEJIA L R, et al. Disentangling Compensation and Employment Risks Using the Behavioral Agency Model[J]. Strategic Management Journal, 2007, 28(10): 1001-1019.

[72] RAJGOPAL S, HANLON M, SHEVLIN T J. Large Sample Evidence on

The Relation between Stock Option Compensation and Risk Taking[R]. Working Paper, 2004: 1 - 52.

[73]SANDERS W G. Behavioral Responses of CEOs to Stock Ownership and Stock Option Pay[J]. Academy of Management Journal, 2001, 44(3): 477 - 492.

[74]CANTWELL J, JANNE O. Technological Globalisation and Innovative Centres: the Role of Corporate Technological Leadership and Locational Hierarchy[J]. Research Policy, 1999, 28(2): 119 - 144.

[75]FACCIO M, LANG L H. The Ultimate Ownership of Western European Corporations[J]. Journal of Financial Economics, 2002, 65(3): 365 - 395.

[76]陈运森，谢德仁. 网络位置、独立董事治理与投资效率[J]. 管理世界，2011(7): 113 - 127.

[77]BARNEA A, GUEDJ I. Director Networks[C]. EFA 2007 Ljubljana Meetings Paper, 2009.

[78]LARCKER D F, MCCALL A L, ORMAZABAL G. Outsourcing Shareholder Voting to Proxy Advisory Firms[R]. Rock Center for Corporate Governance at Stanford University Working Paper, 2014.

[79]BATTISTON S , BONABEAU E, WEISBUCH G. Decision Making Dynamics in Corporate Boards[J]. Physica A, 2003,322: 567 - 582.

[80]BIZJAK J, LEMMON M , WHITBY R. Option Backdating and Board Interlocks[J]. The Review of Financial Studies, 2009, 22(11): 4821 - 4847.

[81]KAHNEMAN D, TVERSKY A. Prospect Theory: An Analysis of Decision Under Risk[J]. Econometrica, 1979, 47(2): 263 - 291.

[82]WISEMAN R M , CATANACH C. A Longitudinal Disaggregation of Operational Risk under Changing Regulations: Evidence from the Savings and Loan Industry[J]. Academy of Management Journal, 1997, 40(4):

799 – 830.

[83] ELITZUR R R, YAARI V. Executive Incentive Compensation and Earnings Manipulation in a Multi-period Setting [J]. Journal of Economic Behavior and Organization, 1995, 26(2): 201 – 219.

[84] WISEMAN R M, BROMILEY P. Toward a Model of Risk in Declining Organizations: An Empirical Examination of Risk, Performance and Decline [J]. Organization Science, 1996, 7(5): 524 – 543.

[85] DALTON D R, DAILY C M, CERTO S T, et al. Meta-analyses of Financial Performance and Equity: Fusion or Confusion? [J] Academy of Management Journal, 2003, 46(1): 13 – 26.

[86] FERIOZZI F. Paying for Observable Luck [J]. Rand Journal of Economics, 2011, 42(2): 387 – 415.

[87] BROMILEY P. Looking at Prospect Theory [J]. Strategic Management Journal, 2010, 31(12): 1357 – 1370.

[88] FORNELL C, MITHAS S, KRISHNAN M S, et al. Customer Satisfaction and Stock Prices: High Returns, Low Risk [J]. Journal of Marketing, 2006, 70(1): 3 – 14.

[89] TIAN G Y, TWITE G. Corporate Governance, External Market Discipline and Firm Productivity [J]. Journal of Corporate Finance, 2011, 17(3): 403 – 417.

[90] FLORACKIS C, KOSTAKIS A, OZKAN A. Managerial Ownership and Performance [J]. Journal of Business Research, 2009, 62(12): 1350 – 1357.

[91] BAEK H Y, PAGÁN J A. Executive Compensation and Corporate Production Efficiency: A Stochastic Frontier Approach [J]. Quarterly Journal of Business and Economics, 2002, 41(112): 27 – 41.

[92] FOX J T, SMEETS V. Does Input Quality Drive Measured Differences in Firm Productivity? [J]. International Economic Review, 2011, 52(4):

961 - 989.

[93]HELLERSTEIN J K , NEUMARK D. Production Function and Wage equation Estimation with Heterogeneous Labor: Evidence from a New Matched Employer-Employee Data Set[M]//CHARLES H, BERNDT E. In Hard-to-Measure Goods and Services: Essays in Honor of Zvi Griliches. Chicago: University of Chicago Press, 2007: 31 - 71.

[94] HALTIWANGER J, SCARPETTA S, SCHWEIGER H. Assessing Job Flows Across Countries: The Role of Industry, Firm Size and Regulations [R]. Working Paper, 2008:123 - 135.

[95]KROLL M, SIMMONS S A , WRIGHT P. Winners and Losers in Acquisitions: A Cononical Correlation Analysis[C]. Southeastern Division of The Institute of Management Sciences Meeting, 1991:132 - 147.

[96]KOSTIUK P F. Compensating Differentials for Shift Work[J]. Journal of Political Economy, 1990, 98(5): 1055 - 1075.

[97]JERMANN U J, QUADRINI V. Stock Market Boom and the Productivity Gains of the 1990s[J]. Journal of Monetary Economics, 2007, 54(2): 413 - 432.

[98]HOMBURG C, KUESTER S, KROHMER H. Marketing Management: A Contemporary Perspective[M]. New York: McGraw-Hill Higher Education, 2009: 22 - 34.

[99]MITHAS S, KRISHNAN M S, FORNELL C. Why Do Customer Relationship Management Applications Affect Customer Satisfaction? [J] Journal of Marketing, 2005, 69(4): 201 - 209.

[100]BALACHANDRAN S, MOHANRAM P. Are CEOs Compensated for Value Destroying Growth in Earnings? [J]. Review of Accounting Studies, 2010, 15(3): 545 - 577.

[101]BALACHANDRAN S, MOHANRAM P. Using Residual Income to Refine the Relationship between Earnings Growth and Stock Returns[J]. Review

of Accounting Studies, 2012, 17(1): 134 - 165.

[102] PANDIT S, WASLEY C E, ZACH T. The Effect of Research and Development (R&D) Inputs and Outputs on the Relation between the Uncertainty of Future Operating Performance and R&D Expenditures[J]. Journal of Accounting, Auditing & Finance, 2011, 26(1): 121 - 144.

[103] DEMIREL P, MAZZUCATO M. Innovation and Firm Growth: Is R&D Worth It? [J]. Industry and Innovation, 2012, 19(1): 45 - 62.

[104] SOUGIANNIS T. The Accounting Based Valuation of Corporate R&D[J]. The Accounting Review, 1994, 69(1): 44 - 68.

[105] OKAMURO H, ZHANG J X. Ownership Structure and R&D Investment of Japanese Start - Up Firms[J]. Review of Industrial Organization, 2006, 24: 1 - 24.

[106]徐宁. 高科技公司高管股权激励对 R&D 投入的促进效应:一个非线性视角的实证研究[J]. 科学学与科学技术管理, 2013, 34(2): 12 - 19.

[107] BARTELSMAN E J, DOMS M. Understanding Productivity: Lessons from Longitudinal Microdata[J]. Journal of Economic Literature, 2000, 38(3): 569 - 594.

[108] BATTESE G E, COELLI T J. A Model for Technical Inefficiency Effects in a Stochastic Frontier Production Function for Panel Data[J]. Empirical Economics, 1995, 20(1): 325 - 332.

[109] STEENSMA H K, CORLEY K G. Organizational Context as a Moderator of Theories on Firm Boundaries for Technology Sourcing[J]. The Academy of Management Journal, 2001, 44(2): 271 - 291.

[110] MANSURY M A, LOVE J H. Innovation, Productivity and Growth in US Business Services: A Firm-Level Analysis[J]. Technovation, 2008, 28(1/2): 52 - 62.

[111]王志平, 陶长琪. 我国区域生产效率及其影响因素实证分析:基于

2001—2008 年省际面板数据与随机前沿方法[J]. 系统工程理论与实践, 2010, 30(10): 1762 - 1773.

[112] HANLON M, RAJGOPAL S, SHEVLIN T. Are Executive Stock Options Associated with Future Earnings? [J]. Journal of Accounting and Economics, 2003, 36(1): 3 - 44.

[113] DAS S, KIM K, PATRO S. An Analysis of Managerial Use and Market Consequences of Earnings Management and Expectation Management[J]. The Accounting Review, 2011, 86(6): 1935 - 1967.

[114] BRADLEY S W, WIKLUND J, SHEPHERD D A. Swinging a Double-Edged Sword: The Effect of Slack on Entrepreneurial Management and Growth[J]. Journal of Business Venturing, 2011, 26(5): 537 - 554.

[115] BLOOM N, VAN REENEN J. Why Do Management Practices Differ across Firms and Countries? [R]. Working Paper, 2010.

[116] RENNINGS K. Redefining Innovation-Eco-Innovation Research and the Contribution from Ecological Economics, 2000, 32(2): 319 - 332.

[117] WU J F, TU R. CEO Stock Option Pay and R&D Spending: a Behavioral Agency Explanation[J]. Journal of Business Research, 2007, 60(5): 482 - 492.

[118] ZHANG D N, ZHAO M A. Research on the Characters of Ultimate Controlling in the China State-Owned Holding Listed Companies[J]. Hebei Coal, 2011, (1): 41.

[119] DECHOW P M, SKINNER D J. Earnings Management: Reconciling the Views of Accounting Academics, Practitioners, and Regulators[J]. Accounting Horizons, 2000, 14(2): 235 - 250.

[120] KOTHARI S P , LAGUERRE T E, LEONE A J. Capitalization Versus Expensing: Evidence on the Uncertainty of Future Earnings from Capital Expenditures Versus R&D Outlays[J]. Review of Accounting Studies, 2002, 7(4): 355 - 382.

[121]徐宁，徐向艺. 控制权激励双重性与技术创新动态能力：基于高科技上市公司面板数据的实证分析[J]. 中国工业经济，2012（10）：109－121.

[122]罗富碧，冉茂盛，杜家廷. 高管人员股权激励与投资决策关系的实证研究[J]. 会计研究，2008（8）：69－76.

[123]RYAN H E，WIGGINS R A. The Interactions between R&D Investment Decisions and Compensation Policy[J]. Financial Management，2002，31(1)：5－20.

[124]COLES J L，DANIEL N D，NAVEEN L. Managerial Incentives and Risk-Taking[J]. Journal of Financial Economics，2006，79(2)：431－468.

[125]KANG S，KUMAR P，LEE H. Agency and Corporate Investment：The Role of Executive Compensation and Corporate Governance[J]. Journal of Business，2006，79(3)：1127－1147.

[126]DEMIREL S. Strategic Supply Chain Management with Multiple Products under Supply and Capacity Uncertainty [D]. University of Michigan，2012.

[127]HOTTENROTT H，PETERS B. Innovative Capability and Financing Constraints for Innovation：More Money，More Innovation？[J] Review of Economics and Statistics，2012，94(4)：1126－1142.

[128]BOLTON P，CHEN H，WANG N. A Unified Theory of Tobin's q，Corporate Investment，Financing，and Risk Management[J]. Journal of Finance，2011，66(5)：1545－1578.

[129]SOLOW R M. Technical Change and the Aggregate Production Function [J]. The Review of Economics and Statistics，1957，39(3)：312－320.

[130]GROSSMAN G M，HELPMAN E. Quality Ladders in the Theory of Growth[J]. The Review of Economic Studies，1991，58(1)：43－61.

[131] KLETTE T J, GRILICHES Z. The Inconsistency of Common Scale Estimators When Output Prices are Unobserved and Endogenous[J]. Journal of Applied Econometrics, 1996, 11(4): 343-361.

[132] HENDERSON R, COCKBURN I. Scale, Scope, and Spillovers: The Determinants of Research Productivity in Drug Discovery[J]. Rand Journal of Economics, 1996,27(1): 32-59.

[133] PARISI M L, SCHIANTARELLI F, SEMBENELLI A. Productivity, Innovation and R&D: Micro Evidence for Italy[J]. European Economic Review, 2006, 50(8): 2037-2061.

[134] GRIFFITH R, HUERGO E, MAIRESSE J, et al. Innovation and Productivity across Four European Countries[J]. Oxford Review of Economic Policy, 2006,22(4):483-498.

[135] CHANG Y B, GURBAXANI V. Information Technology Outsourcing, Knowledge Transfer, and Firm Productivity: An Empirical Analysis[J]. Mis Quarterly, 2012, 36(4): 1043-1063.

[136] THOMAS V J, SHARMA S, JAIN S K. Using Patents and Publications to Assess R&D Efficiency in the States of the USA[J]. World Patent Information, 2011, 33(1): 4-10.

[137] FAN C S, HU Y F. Foreign Direct Investment and Indigenous Technological Efforts: Evidence from China[J]. Economics Letters, 2007, 96(2): 253-258.

[138] PIVA M, VIVARELLI M. Innovation and Employment: Evidence from Italian Microdata[J]. Journal of Economics, 2005, 86(1): 65-83.

[139] EVANS D S. Tests of Alternative Theories of Firm Growth[J]. Journal of Political Economy, 1987, 95(4): 657-674.

[140] MAIRESSE J, MOHNEN P. The Importance of R&D for Innovation: A Reassessment Using French Survey Data[R]. Working Paper, 2004.

[141] EBERHART A C, MAXWELL W F, SIDDIQUE A R. An Examination

of Long-Term Abnormal Stock Returns and Operating Performance Following R&D Increases[J]. Journal of Finance, 2004, 59(2): 623 - 650.

[142] BALACHANDRA R, FRIAR J H. Factors for Success in R&D Projects and New Product Innovation: A Contextual Framework[J]. IEEE Transactions on Engineering Management, 1997, 44(3): 276 - 287.

[143] MATOLCSY Z, WYATT A. The Association between Technological Conditions and the Market Value of Equity[J]. Accounting Review, 2008, 83(2): 479 - 518.

[144] SCHERER F M. Corporate Inventive Output, Profits, and Growth[J]. Journal of Political Economy, 1965, 73(3): 290 - 305.

[145] BRANCH B. Research and Development Activity and Profitability: A Distributed Lag Analysis[J]. Journal of Political Economy, 1974, 82(5): 999 - 1011.

[146] LINDELÖF P, LÖFSTEN H. Science Park Location and New Technology-based Firms in Sweden-Implications for Strategy and Performance[J]. Small Business Economics, 2003, 20(3): 245 - 258.

[147] KHAN M T. Process (R&D) Innovation: Cost Reduction & Value Added in Innovative Firms[R]. Working Paper, 2011.

[148] CHANG S C, CHEN S S, LIN W C. The Influence of Corporate Internal Governance on the Wealth Effect of R&D Expenditure Increases[R]. Working Paper, 2006.

[149] CHUNG K H, SHEN C H. Corporate Governance and Market Reactions to Capital and R&D Investment Announcements [R]. Working paper, 2009.

[150] 钟峥，郑欢，李剑虹. 公司治理、技术创新和企业绩效的实证研究[J]. 统计与决策，2013(2)：180 - 182.

[151] XUE Y F. Make or Buy New Technology: The Role of CEO Compensation Contract in a Firm's Route to Innovation[J]. Review of Accounting Stu-

dies, 2007, 12(4): 659 -690.

[152]徐宁, 吴创. 高管激励契约、技术创新动力与路径选择:来自民营中小上市公司的经验证据[J]. 科技进步与对策, 2015, 32(4): 71 -76.

[153]朱乃平, 朱丽, 孔玉生,等. 技术创新投入、社会责任承担对财务绩效的协同影响研究[J]. 会计研究, 2014(2): 57 -63.

[154]罗婷, 朱青, 李丹. 解析 R&D 投入和公司价值之间的关系[J]. 金融研究, 2009(6): 100 -110.

[155]BARON R M , KENNY D A. The Moderator-mediator Variable Distinction in Social Psychological Research: Conceptual, Strategic, and Statistical Considerations [J]. Journal of Personality and Social Psychology, 1986, 51(6): 1173 -1182.

[156]FREEDMAN L S, SCHATZKIN A. Sample Size for Studying Intermediate Endpoints within Intervention Trials or Observational Studies[J]. American Journal of Epidemiology, 1992, 136(9): 1148 -1159.

[157]ALESSANDRI T M, PATTIT J M. Drivers of R&D Investment: The Interaction of Behavioral Theory and Managerial Incentives[J]. Journal of Business Research, 2014, 67(2): 151 -158.

[158]ROCHINA-BARRACHINA M E, MAÑEZ J A, SANCHIS-LLOPIS J A. Process Innovations and Firm Productivity Growth [J]. Small Business Economics, 2010, 34(2): 147 -166.

[159]LIU G S, SUN P. Identifying Ultimate Controlling Shareholders in Chinese Public Corporations: an Empirical Survey[R]. Working Paper, 2003.

[160]夏立军 , 方铁强. 政府控制、治理环境与公司价值:来自中国证券市场的经验证据[J]. 经济研究, 2005(5): 40 -51.

[161]邓淑芳, 陈晓, 姚正春. 终极所有权、层级结构与信息泄露:来自控制权转让市场的经验证据[J]. 管理世界, 2007(3): 122 -129.

[162]王福胜, 宋海旭. 终极控制人、多元化战略与现金持有水平[J]. 管

理世界，2012(7)：124－136.

[163]WANG R. Executive Incentives and Financial Constraints[R]. China International Conference in Finance, 2007.

[164]卢慧芳，吴华晶. 融资约束对管理层薪酬激励机制的影响：来自上市公司的实证研究[J]. 上海经济研究，2013(2)：86－97.

[165]刘芍佳，孙霈，刘乃全. 终极产权论、股权结构及公司绩效[J]. 经济研究，2003(4)：51－62.

[166]刘星，安灵. 大股东控制、政府控制层级与公司价值创造[J]. 会计研究，2010(1)：69－78.

[167]陈冬华，陈信元，万华林. 国有企业中的薪酬管制与在职消费[J]. 经济研究，2005(2)：92－101.

[168]HOLMÉN M HÖGFELDT P. Pyramidal Discounts：Tunneling or Overinvestment？[J]. International Review of Finance, 2009, 9(1/2)：133－175.

[169]宋小保，刘星，陈其安. 控股股东代理的激励与侵占效应分析[J]. 管理工程学报，2009，23(1)：53－58.

[170]GORODNICHENKO Y, SCHNITZER M. Financial Constraints and Innovation：Why Poor Countries Don't Catch up[J]. Journal of the European Economic Association, 2013, 11(5)：1115－1152.

[171]CULL R, XU L C. Institutions, Ownership, and Finance：The Determinants of Profit Reinvestment Among Chinese Firms[J]. Journal of Financial Economics, 2005, 77(1)：117－146.

[172]GU Z Y, WANG K, XIAO X. Government Control and Executive Compensation：Evidence from China[R]. Working paper, 2010.

[173]GUENTHER D A, MATSUNAGA S R, WILLIAMS B M. Low Cash Effective Tax Rates and Firm Risk[R]. Working paper, 2012.

[174]白重恩，刘俏，陆洲，等. 中国上市公司治理结构的实证研究[J]. 经济研究，2005(2)：81－91.

[175]温忠麟，张雷，侯杰泰. 有中介的调节变量和有调节的中介变量[J]. 心理学报，2006，38(3)：448 -452.

[176]BOYCKO M，SHLEIFER A，VISHNY R W. Second-Best Economic Policy for A Divided Government[J]. European Economic Review，1996，40(3)：767 - 774.

[177]SHIVAKUMAR L. Do Firms Mislead Investors by Overstating Earnings before Seasoned Equity Offerings? [J]. Journal of Accounting and Economics，2000，29(3)：339 -371.

[178]MIZRUCHI M S，Stearns L B. A Longitudinal Study of the Formation of interlocking Directorates[J]. Administrative Science Quarterly，1988，33(2)：194 -210.

[179]任兵，区玉辉，彭维刚. 连锁董事与公司绩效：针对中国的研究[J]. 南开管理评论，2007，10(1)：8 -15.

[180]卢昌崇，陈仕华. 断裂联结重构：连锁董事及其组织功能[J]. 管理世界，2009(5)：152 -165.

[181]谢德仁，陈运森. 董事网络：定义、特征和计量[J]. 会计研究，2012(3)：44 -51.

[182]BURT R S. Cooptive Corporate Actor Networks：A Reconsideration of Interlocking Directorates Involving American Manufacturing[J]. Administrative Science Quarterly，1980，25(4)：557 -582.

[183]UZZI B. Social Structure and Competition in Interfirm Networks：The Paradox of Embeddedness[J]. Administrative Science Quarterly，1997，42(1)：35 -67.

[184]LINS K V ，VOLPIN P，WAGNER H F. The Value of Controlling Blockholders During the Global Financial Crisis[R]. Working Paper，2011.

[185]DALTON D R，DAILY C M，JOHNSON J L，et al. Number of Directors and Financial Performance：A Meta-analysis[J]. Academy of Management Journal，1999，42(6)：674 -686.

[186]田高良，李留闯，齐保垒. 连锁董事、财务绩效和公司价值[J]. 管理科学，2011，24(3)：13-24.

[187]HWANG B H，KIM S. It Pays to Have Friends[J]. Journal of Financial Economics，2009，93(1)：138-158.

[188]陈运森，谢德仁. 董事网络、独立董事治理与高管激励[J]. 金融研究，2012(2)：168-182.

[189]BELLOC F. Corporate Governance and Innovation：A Survey[J]. Journal of Economic Surveys，2012，26(5)：835-864.

[190]KIM Y，CANNELLA A A. Toward a Social Capital Theory of Director Selection[J]. Corporate Governance：An International Review，2008，16(4)：282-293.

[191]LARCKER D F，RUSTICUS T O. On the Use of Instrumental Variables in Accounting Research[J]. Journal of Accounting and Economics，2010，49(3)：186-205.

[192]HOSKISSON R E，HITT M A，JOHNSON R A，et al. Conflicting Voices：The Effects of Institutional Ownership Heterogeneity and Internal Governance on Corporate Innovation Strategies[J]. Academy of Management Journal，2002，45(4)：697-716.

[193]BOYD B K，HAYNES K T，ZONA F. Dimensions of CEO-Board Relations[J]. Journal of Management Studies，2011，48(8)：1892-1923.

[194]DALZIEL T，GENTRY R J，BOWERMAN M. An Integrated Agency-Resource Dependence View of the Influence of Directors' Human and Relational Capital on Firms' R&D Spending[J]. Journal of Management Studies，2011，48(6)：1217-1242.

[195]PODSAKOFF P M，MACKENZIE S B，LEE J Y，et al. Common Method Biases in Behavioral Research：a Critical Review of the Literature and Recommended Remedies[J]. Journal of Applied Psychology，2003，88(5)：879-903.

[196] HOSKISSON R E , CASTLETON M W, WITHERS M C. Complementarity in Monitoring and Bonding: More Intense Monitoring Leads to Higher Executive Compensation[J]. Academy of Management Perspectives, 2009, 23(2): 57 -74.

[197] GRANOVETTER M S. The Strength of Weak Ties[J]. American Journal of Sociology, 1973, 78(6): 1360 -1380.

[198] CAI Y, SEVILIR M. Board Connections and M&A Transactions[J]. Journal of Financial Economics, 2012, 103(2): 327 -349.

[199] BRUNER R F. Applied Mergers and Acquisitions [R]. Working Paper, 2004.

[200] 温忠麟，刘红云，侯杰泰. 调节效应和中介效应分析[M]. 北京:教育科学出版社，2012: 25 -127.

[201] LITTLE T D, CARD N A, BOVAIRD J A, et al. Structural Equation Modeling of Mediation and Moderation with Contextual Factors[R]. University of Kansas, 2007: 207 -230.

[202] HORTON J, MILLO Y, SERAFEIM G. Paid for Connections? Social Networks, Executive and Outside Director Compensation[R]. Working Paper, 2009.

[203] FRACASSI C, TATE G. External Networking and Internal Firm Governance[J]. The Journal of Finance, 2012, 67(1): 153 -194.

[204] MITCHELL T R, HOLTOM B C, LEE T W, et al. Why People Stay: Using Job Embeddedness to Predict Voluntary Turnover[J]. The Academy of Management Journal, 2001, 44(6): 1102 -1121.

[205] FEELEY T H, HWANG J, BARNETT G A. Predicting Employee Turnover from Friendship Networks[J]. Journal of Applied Communication Research, 2008, 36(1): 56 -73.

后记

时光荏苒，转眼五年时光飞快而逝。回眸五年前刚刚进入校门的我，热血、激情、充满人生向往、懵懵懂懂略带青涩的面容，依稀可见。转眼五年过去了，热血、激情犹在，多了许多岁月的沉淀和人生的沉稳。博士的五年生涯，有欢笑也有泪水，有收获也有失去，有甜蜜也有苦涩。经历的就是好的，我想未来的我会变得更加坚强和自信。

回首这五年，我首先想要感谢的就是我的导师——王铁男老师的精心栽培和指导。他在学术研究中高屋建瓴、耐心细致的精神，让我清楚地认识到了学术研究的可敬可畏，也让我深深记得作为一名优秀的科学工作者的严于律己的治学态度。他是我未来教师生涯学习的榜样和追赶的目标，我会谨以王老师对我的谆谆教导，严格要求自己，努力提高自己的科研和教学水平。

此外，我要感谢我所在的单位——黑龙江大学经济与工商管理学院的所有领导、同学以及老师对我的帮助。黑龙江大学经济与工商管理学院作为我的“娘家”为我攻读博士学位提供了很多便利条件，为我排除干扰，专心读博创造了良好的机会。再次感谢学院领导的关心和帮助，更要感谢人力资源管理专业的各位老师对我的支持。

同时，我也要感谢同门的师弟师妹们对我的帮助，谢谢大家！

李敏娜